A. LABORDÈRE

NOTES SUR LES PENSÉES
DE L'EMPEREUR MARC-AURÈLE

SUR

Le Stoïcisme

Au Second Siècle de l'Ère Chrétienne

ET SUR SON INFLUENCE

DEPUIS L'AVÈNEMENT DU CHRISTIANISME

1884-1885

LONS-LE-SAUNIER
IMPRIMERIE ET LITHOGRAPHIE LUCIEN DECLUMÉ

1903

Le Stoïcisme

A. LABORDÈRE

NOTES SUR LES PENSÉES

DE L'EMPEREUR MARC-AURÈLE

SUR

Le Stoïcisme

Au Second Siècle de l'Ère Chrétienne

ET SUR SON INFLUENCE

DEPUIS L'AVÈNEMENT DU CHRISTIANISME

1884-1885

LONS-LE-SAUNIER
IMPRIMERIE ET LITHOGRAPHIE LUCIEN DECLUME

1903

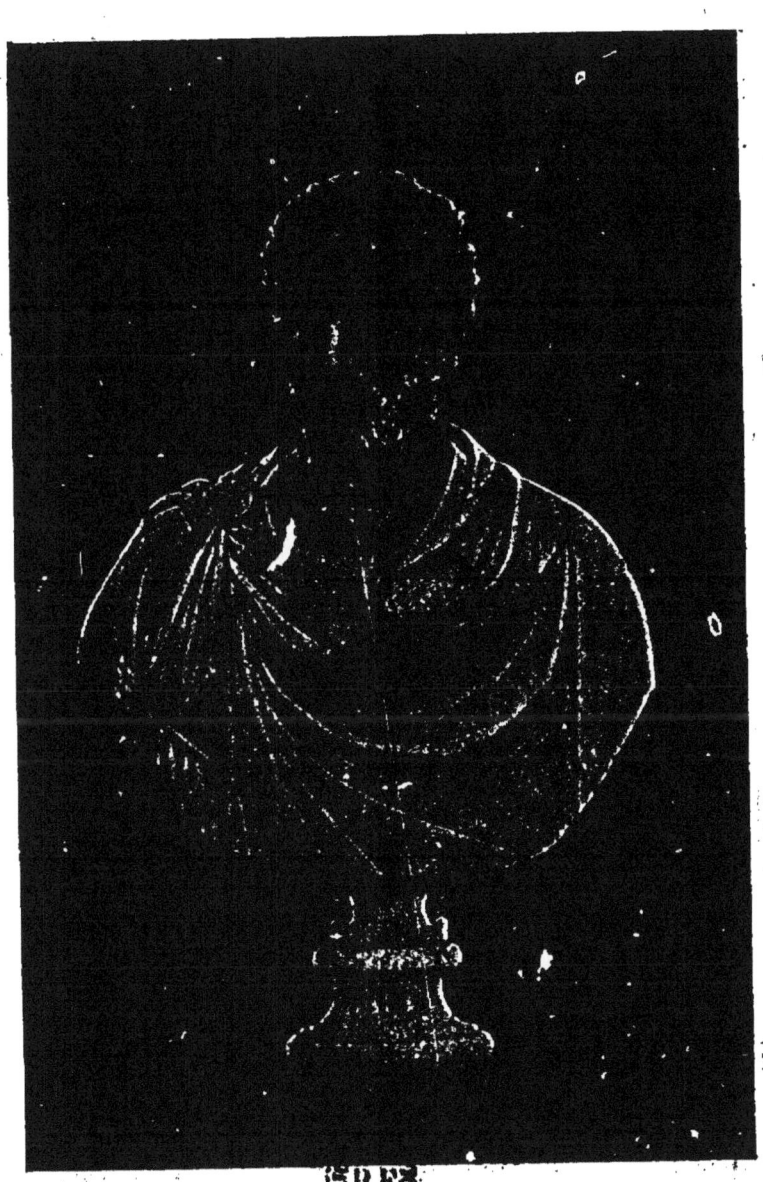

Marco Aurelio — M. Capitolino   Roma

Alfred LABORDÈRE
(1834-1902)

En écrivant les notes qui suivent, sur les Pensées de Marc-Aurèle, sur le Stoïcisme au IIIe siècle et sur sa comparaison avec le Christianisme, j'employais, il y a vingt ans, les loisirs que m'avait donnés le radicalisme en me faisant l'honneur de m'écarter de l'Administration, à la veille du jour où il inaugurait sa politique d'intolérance philosophique et religieuse et d'oppression des consciences chrétiennes.

Je comptais alors que ces notes resteraient à tout jamais enfermées dans la poussière de ma bibliothèque. Mais aujourd'hui, alors que le radicalisme reprend et poursuit, avec plus d'acharnement que jamais, sa politique d'oppression en matière philosophique et religieuse, et où, me sentant à la veille de quitter ce monde, *je relis ce que j'écrivais il y a vingt ans, dans la solitude et la paix de mes pensées, je suis très particulièrement frappé de divers contrastes : du contraste, notamment, entre le caractère du Christianisme chez ses fidèles et son clergé du IIIe siècle et le caractère du Christianisme chez ses fidèles et son clergé d'aujourd'hui ; et même, entre ce caractère et celui du Christianisme chez ses fidèles et son clergé d'il y a vingt ans, où se retrouvaient encore les derniers rayons du libéralisme des grands catholiques de la Restauration, de la monarchie de Juillet, de la République de 1848 et, aussi, des premiers temps de notre troisième république.*

Je suis très frappé aussi du contraste entre la hauteur de vue philosophique des adversaires stoïciens du Christianisme du IIIe siècle et la petitesse et la médiocrité des ennemis du Christianisme qui, de nos jours, ont la prétention de le chasser loin de la civilisation européenne et, surtout, de la législation française.

Ces contrastes sont pleins d'enseignements, qui, d'eux-mêmes ressortent des faits, pour quiconque ne s'en tient pas aux apparences, mais saisit, sous leurs formes transitoires, le fond des tendances de l'humanité, l'impulsion de ses sentiments, l'essence de sa politique.

Plusieurs de mes amis ont pensé que mes notes d'il y a vingt ans, bien que les faits auxquels elles se réfèrent remontent à dix-sept siècles, peuvent encore fournir d'utiles enseignements et contribuer à prémunir certains esprits contre les erreurs qui menacent d'égarer la société moderne. C'est pourquoi ces notes, qui devaient demeurer ensevelies dans les armoires de ma bibliothèque, vont recevoir une publicité d'ailleurs très restreinte.

A. LABORDÈRE.

Plainoiseau, le 26 septembre 1902.

NOTES SUR LES PENSÉES
DE L'EMPEREUR MARC-AURÈLE
SUR

LE STOÏCISME

Au Second Siècle de l'Ère Chrétienne

ET SUR SON INFLUENCE

Depuis l'Avènement du Christianisme

Traductions de M. DE JOLY et de M. PIERRON, 1879 (1)

SOMMAIRE

LIVRE PREMIER

La morale stoïcienne d'après les Pensées de Marc-Aurèle.

CHAPITRE 1. — Excellence de la morale stoïcienne.................................... 1

CHAPITRE 2. — Caractère particulier de la morale stoïcienne dans les Pensées de Marc-Aurèle............................. 3

CHAPITRE 3. — La morale stoïcienne procède de la métaphysique ou de la théologie du Stoïcisme......................... 6

(1) Les citations sont empruntées à la traduction de M. DE JOLY.

Chapitre 4. — Théologie stoïcienne. — L'Ame Universelle et la Matière....... 7

Chapitre 5. — Les Manifestations de l'Ame Universelle.................... 9

Chapitre 6. — Les Dieux créés......... 10

Chapitre 7. — Les êtres inorganiques, les végétaux et les animaux.......... 11

Chapitre 8. — L'homme.............. 12

Chapitre 9. — L'origine et la nature du mal dans l'univers.................. 17

Chapitre 10. — Le bien et le mal dont l'homme est l'objet ou l'auteur........ 19

Chapitre 11. — Quels sont les préceptes de la morale stoïcienne et comment ils procèdent des dogmes du Stoïcisme... 22

Chapitre 12. — La piété envers les Dieux. 23

Chapitre 13. — L'honneur dû à la raison humaine 27

Chapitre 14. — La justice et l'amour du prochain............................ 29

Chapitre 15. — Le respect de la vérité.. 33

Chapitre 16. — La pudeur. — Résistance aux passions dont la source est dans le corps, à la colère, à la volupté, à la paresse............................... 36

Chapitre 17. — Egalité et fermeté de l'âme. — Soumission aux décrets de la Providence....................... 40

Chapitre 18. — La modestie ou l'humilité. 42

Chapitre 19. — Le bon emploi du temps. 47

Chapitre 20. — La contemplation intérieure 49
Chapitre 21. — L'examen de conscience. 51
Chapitre 22. — La méditation des vérités éternelles 55
Chapitre 23. — La croyance au vrai bonheur 60

LIVRE II.

Comparaison entre le Stoïcisme et le Christianisme.

Chapitre 1. — Comparaison de la morale stoïcienne et de la morale chrétienne.. 69
Chapitre 2. — Comment les ressemblances et les différences entre la morale du Stoïcisme et celle du Christianisme procèdent des ressemblances et des différences de leurs dogmes............. 78
Chapitre 3. — L'Ame Universelle et Dieu. 79
Chapitre 4. — Les Dieux créés, les Anges et les Saints...................... 82
Chapitre 5. — L'origine de l'homme, d'après le Stoïcisme et d'après le Christianisme..................... 86
Chapitre 6. — L'origine du mal physique et moral, d'après le Stoïcisme et d'après le Christianisme..................... 88
Chapitre 7. — La vie future............ 91
Chapitre 8. — La Loi divine........... 98

LIVRE III.

De l'échec du Stoïcisme et de son influence après sa chute.

Chapitre 1. — Des principales causes métaphysiques et morales qui ont déterminé le triomphe du Christianisme sur le Stoïcisme 111

Chapitre 2. — Influence du dogme de la résurrection sur la propagation du Christianisme 113

Chapitre 3. — L'alliance du Stoïcisme avec le Paganisme 116

Chapitre 4. — Attrait de la morale chrétienne pour les classes populaires 120

Chapitre 5. — Résistance des classes élevées de la Société romaine à l'adoption du Christianisme. — Comment elle a pris fin 127

Chapitre 6. — De l'influence du Stoïcisme sur la morale chrétienne depuis l'établissement du Christianisme 134

Chapitre 7. — De l'influence du Stoïcisme sur les philosophies détachées du Christianisme : Criticisme, Déisme, Epicurisme ou Positivisme 136

Chapitre 8. — Le Panthéisme moderne. Eventualité de la renaissance du Stoïcisme 140

LIVRE I.

LA MORALE STOÏCIENNE

D'APRÈS

LES PENSÉES DE MARC-AURÈLE

CHAPITRE PREMIER.

Excellence de la morale stoïcienne.

A la lecture des ouvrages ou des fragments laissés par les Stoïciens, il paraît difficile de ne pas admirer l'excellence de la morale stoïcienne, sa grandeur et sa pureté, la mâle et impassible fermeté qu'elle unit à une piété profonde, à un fraternel amour du genre humain, aux plus tendres sentiments de la famille et de l'amitié.

L'admiration s'accroît encore si l'on songe que cette austère morale n'est pas restée à l'état de pure spéculation, qu'elle a été pratiquée par beaucoup des plus illustres personnages du temps des Césars, des Flaviens et des Antonins, par des femmes même de l'élégante société romaine, qui ont vécu et sont morts vertueusement ou, pour mieux dire, saintement dans la foi au Stoïcisme.

Parmi eux, Marc-Aurèle n'est-il pas l'un des plus remarquables témoins de la grandeur de cette philosophie ? Les notes si profondément empreintes de piété et de sincérité, de justice et de bonté, d'humilité et de détachement des biens du monde, qu'il a jetées sur ses tablettes, dans le recueillement de son âme, sont l'expression fidèle de ses pensées et de ses sentiments ; et, les préceptes qu'il a ainsi rappelés ou formulés, sa vie entière s'est passée à les mettre en action, au milieu des soucis du gouvernement de l'Empire, des violentes émotions de la guerre, des séductions de la richesse et de la souveraine puissance.

CHAPITRE II.

Caractère particulier de la morale stoïcienne dans les Pensées de Marc-Aurèle.

Il semble que le Stoïcisme, quels que soient les caractères généraux de sa doctrine, se présente sous un aspect sensiblement différent, selon qu'il est uniquement imbu de l'esprit grec ou que cet esprit se trouve plus ou moins modifié par le génie romain.

Dans les entretiens d'Epictète, où domine l'influence grecque, le Stoïcisme se rattache particulièrement aux enseignements populaires et aux exemples d'austérités laissés par Cratès et par la meilleure partie de l'école cynique. Il parait propre à former des philosophes solitaires, spectateurs méditatifs des choses du monde, plutôt que des citoyens aptes à la vie de famille et surtout à la direction des affaires publiques. La pensée conserve quelque chose de l'âpreté cynique. Si pressante que soit l'argumentation d'Epictète, si entraînante que soit son énergie, si dominante que soit la hauteur de ses sentiments, la rudesse de son langage semblerait parfois excessive, si on ne se rappelait les épreuves de l'ancien esclave Phrygien qui, par la vigueur de son caractère et la force de sa conviction, avait dompté la douleur physique aussi bien que la douleur morale.

Dans les Pensées de Marc-Aurèle, le Stoïcisme est, au contraire, aristocratique, gouvernemental et pénétré de l'esprit de famille qui était l'une des meilleures traditions romaines. A la modestie personnelle, se joint la conscience de la dignité de la race et du pouvoir ; aux devoirs civiques, s'unissent intimement la vénération et la tendresse filiales, le respect et l'affection conjugales, le dévouement et l'amour paternels. La piété est indulgente et le détachement des biens du monde est surtout intérieur, ainsi qu'il convient aux personnages investis de fonctions publiques, principalement aux Chefs d'Etat. La rigueur de la morale individuelle se concilie avec les ménagements nécessaires pour diriger les hommes et particulièrement ceux que leur mérite, leur naissance ou les caprices de la Fortune appellent à occuper les hauts emplois ou à exercer une influence sur l'opinion (1).

Ce qui est notamment admirable, c'est que, dans cette difficile alliance de la politique et de la morale, rien ne sent l'effort et que tout se combine naturellement et dans une juste mesure. Sans doute, la perfection de cette alliance tient, pour une grande part, à l'éducation parfaitement ordonnée et aux qualités personnelles de Marc-Aurèle. Mais, n'est-elle pas due aussi aux traditions et aux exemples laissés par Caton d'Utique, Thraséas, Helvidius et bien d'autres personnages, dont l'histoire a conservé ou perdu le souvenir, qui avaient uni, à l'exercice des hautes fonctions de la République et de l'Empire, la profession ou la pratique du Stoïcisme ? N'est-ce point cette élite du monde politique romain qui, en empruntant à Zénon et à ses disciples, la morale du Portique, l'a appropriée au génie de la haute société romaine, et lui a ainsi imprimé le caractère particulier qui se manifeste, avec une force et un charme incomparables, dans les Pensées de l'Empereur Marc-Aurèle ?

(1) Passim, notamment pages 40 à 54. Le passage, qui concerne Faustine, mérite d'être particulièrement remarqué.

CHAPITRE III.

La morale stoïcienne procède de la métaphysique ou de la théologie du Stoïcisme.

La morale qui a guidé tant de nobles esprits de l'Antiquité et inspiré tant de grandes actions dont la mémoire demeure impérissable, n'est pas le résultat d'un impératif catégorique, indépendant des notions métaphysiques ; encore moins, est-elle laïque, dans le sens qu'a donné, à ce mot, la polémique contemporaine, c'est-à-dire étrangère aux croyances religieuses et à l'idée même de la Divinité. Elle procède, au contraire, de dogmes métaphysiques, c'est une morale religieuse, aussi bien par son origine que par son caractère.

Aussi, pour comprendre la filiation et la structure de la morale de Marc-Aurèle, faut-il, d'abord, discerner, dans ses Pensées, sa conception des principaux dogmes de la théologie stoïcienne.

CHAPITRE IV.

Théologie stoïcienne. — L'Ame Universelle et la Matière.

D'après la théologie des Stoïciens, le Monde se compose de deux êtres coexistant de toute éternité et faisant partie du même tout, hors duquel rien n'existe (1).

L'un de ces êtres est l'Ame du Monde ou Ame Universelle, que Marc-Aurèle appelle aussi Nature du Monde et Nature Universelle ou simplement Univers. Cette Ame est unique ; mais ses manifestations se diversifient et se transforment à l'infini.

L'autre des deux êtres éternels est la Matière, qui est également unique et dont les manifestations sont également diverses et mobiles (2).

La Matière est passive et plastique (3). L'Ame du Monde, au contraire, est essentiellement active ; elle agit sur elle-même et sur la Matière. En donnant ainsi naissance à ses propres manifestations et à celles de la

(1) Page 86.
(2) Pages 58, 62, 86.
(3) Page 65.

Matière, elle se façonne et se crée, comme elle façonne et crée la Matière.

Cette œuvre créatrice n'est pas le résultat d'une aveugle fatalité. L'Ame du Monde est consciente et libre ; c'est de son propre mouvement qu'elle a créé ou crée tous les êtres qui ne sont que ses propres manifestations ou celles de la Matière ; c'est par un acte de sa volonté qu'elle leur assigne leurs fonctions et leur fin. Elle est infiniment bonne et juste, comme elle est infiniment sage et raisonnable ; elle est la perfection en toutes choses ; c'est Dieu (1).

D'après la doctrine stoïcienne, l'essence divine est un feu subtile, un corps aéré pénétrant tous les objets matériels et existant, à l'état isolé, autour de la sphère formée par ces objets. Marc-Aurèle me parait ne s'être pas écarté de cette doctrine, mais avoir considéré l'Ame du Monde comme tellement éthérée que son essence ne différerait guère de celle d'un pur esprit (2).

(1) Pages 57 et suivantes, 65, 69.
(2) Suivant M. de Joly. Notes pages 306 et 307. — Marc-Aurèle aurait, conformément à la doctrine Platonicienne, regardé l'essence divine comme étant purement spirituelle. Cette opinion me semble très hasardée. Tout au plus pourrait-on admettre que Marc-Aurèle flottait entre la conception Platonicienne et la conception Stoïcienne de l'essence divine, et que, les estimant également propres à conduire à la vertu, il aurait jugé inutile d'opter entre elles.

CHAPITRE V.

Les manifestations de l'Ame Universelle.

En créant les diverses manifestations de la Matière, l'Ame du Monde les anime de son souffle; elle les éclaire de sa lumière; elle les pénètre de sa raison. Ces souffles créateurs, ces lumières divines, ces raisons émanées de la Raison Universelle sont elles-mêmes des personnes, c'est-à-dire des êtres ayant une existence propre et une action individuelle. Mais leur personnalité ne les détache pas de la Divinité, dont ils sont une émanation localisée, de même que le rayon solaire, qui éclaire un objet particulier, ne cesse pas de faire partie de l'unique lumière du Soleil (1). Semblablement, les émanations de l'Ame Universelle, qui ne sont pas associées à la Matière, constituent des personnes, sans cesser de faire partie de la Divinité increée.

(1) Pages 87 et 127.

CHAPITRE VI.

Les Dieux créés.

Les créatures sont hiérarchiquement organisées suivant leur genre. Au premier rang, se trouvent les Dieux. Ce sont les souffles divins qui animent les grandes manifestations de la Matière et les pures manifestations de l'Ame du Monde (1). Ils sont bons, prévoyants, infaillibles et impeccables. Chacun d'eux, dans la limite spéciale de ses fonctions divines, exécute fidèlement ce qui est dans les desseins de la Providence Universelle et se voue à procurer le plus grand bien aux êtres inférieurs, notamment aux hommes (2).

(1) Je n'ai pas trouvé, dans les Pensées de Marc-Aurèle, des indications précises sur la personnalité des pures manifestations de l'Ame du Monde, c'est-à-dire de celles qui ne sont pas associées à la Matière. Mais, il ne m'en paraît pas moins certain que Marc-Aurèle admettait cette personnalité. Le pieux Empereur et les religieux Stoïciens de son temps honoraient les Divinités non associées à un objet matériel, telles que la Pudeur patricienne, aussi bien que les Divinités animant les phénomènes matériels, tels qu'Apollon, Dieu du Soleil, ou Neptune, Dieu de la mer

(2) Page 63, et note page 319.

CHAPITRE VII.

Les êtres inorganiques, les animaux et les végétaux.

Aux derniers rangs de la hiérarchie, sont les êtres inorganiques, qui, étant inertes, ne tiennent, de la Divinité, que leur structure ou leur forme ; les végétaux qui n'ont reçu d'elle, avec leur structure, qu'une vie imparfaite dont ils n'ont pas le sentiment ; les animaux, qui ne lui empruntent, avec leur structure et la vie végétative, qu'un instinct confus, obscur, plus ou moins inconscient qui est l'âme sensitive (1).

(1) Page 86.

CHAPITRE VIII.

L'Homme.

L'homme occupe une place intermédiaire. Comme les animaux, il a reçu une âme sensitive ; comme les Dieux, une âme raisonnable. Comme ceux-ci, il est créé pour la bonté, la justice, la perfection ; mais, à leur différence, il est peccable et faillible (1).

Après la mort, pendant que le corps se dissout, pour se combiner avec d'autres éléments et contribuer ainsi à d'autres manifestations de la Matière, l'âme sensitive se dissout aussi, pour se confondre dans l'Ame du Monde.

L'âme raisonnable de l'homme se perd-elle également dans le sein de l'Ame Universelle ?

L'Ecole Stoïcienne a constamment enseigné que tel est le sort final des âmes humaines. Mais, dans les premiers temps du Stoïcisme et même encore à l'époque de Cicéron, les philosophes stoïciens admettaient généralement que la personnalité de l'âme raisonna-

(1) Pages 24, 248, 252.

ble survit temporairement à la mort, sans que, d'ailleurs, ils aient attaché, à cette survivance limitée, la croyance aux peines et aux récompenses de la vie future. D'après Cléanthe, les âmes humaines conservent l'existence personnelle jusqu'à l'embrasement du monde qui doit mettre fin à tous les êtres créés. Suivant Chrysippe, la vie persistante jusqu'à cet embrasement ne serait réservée qu'aux âmes des sages, les autres âmes n'ayant individuellement qu'une durée proportionnée à leur moindre degré d'énergie (1).

Il semble que, dès le milieu du premier siècle de l'ère chrétienne, le Stoïcisme ait entièrement abandonné ces opinions de Cléanthe et de Chrysippe, pour enseigner qu'aussitôt après être séparées du corps, les âmes humaines, perdant leur individualité, rentrent dans l'Ame Universelle et sont confondues en elle. Cette doctrine, qui, d'ailleurs, parait découler logiquement des principes de la philosophie stoïcienne, est celle que professait Epictète, non pas seulement comme probable, mais comme certaine (2).

(1) M. Ogereau, essai sur le système philosophique des Stoïciens, pages 105 et suivantes. — Pensées de Marc Aurèle, traduction de M. Pierron, note U, page 112.
(2) Les Entretiens d'Epictète; traduction de M. Courdaveaux. Préface de la première édition, page XXI, éd. de 1882.

Avec toute l'Ecole stoïcienne, Marc-Aurèle n'hésite pas à croire à l'absorbtion définitive des âmes humaines en l'Ame Universelle. Il considère comme une superstition la croyance aux peines et aux récompenses de la vie future. « Des querelles, — dit-il, — des « jeux d'enfants. Les âmes qui promènent « des morts, image vivante de l'histoire des « mânes (1) ».

Se conformant à la doctrine logiquement déduite de la métaphysique stoïcienne et commune depuis le temps d'Epictète, il ne croit pas à la survivance temporaire des âmes humaines. Toutefois, l'une de ses Pensées montre que ce n'est pas sans une certaine hésitation et surtout sans un sentiment de tristesse qu'il s'est résigné à admettre que les âmes d'une vertu supérieure perdent, immédiatement après la mort, l'existence et la conscience personnelles :

« Comment se fait-il que les Dieux, qui « ont si bien ordonné toutes choses, et avec « tant d'amour pour les hommes, aient né- « gligé un seul point, à savoir que les hommes « d'une vertu éprouvée qui ont eu, pendant

(1) Page 265. Epictète avait dit : « Point d'enfer, point d'Achéron, point de Cocyte, point de Phlégeton. » Entretiens, Livre 3, chapitre 13 : traduction de M. Courdaveaux, page 382.

« leur vie, une sorte de commerce avec la
« Divinité et qui se sont fait aimer d'elle par
« leurs actions pieuses et leurs sacrifices, ne
« revivent pas après la mort, mais soient
« éteints pour jamais ? (1)

Marc-Aurèle n'en accepte pas moins avec piété l'éventualité ou plutôt la certitude de l'anéantissement de la personnalité des âmes vertueuses au jour de la séparation d'avec le corps, en se réfugiant dans un acte de foi en la sagesse et la bonté de la Providence.

« Puisque la chose est ainsi, dit-il, —
« sache bien que, si elle avait dû être autre-
« ment, les Dieux n'auraient pas manqué de
« l'établir telle ; car, si cet ordre avait été
« juste, il aurait été possible, et, s'il avait
« été conforme à la nature, la Nature l'au-
« rait comporté. De ce qu'il n'existe pas, tu
« dois conclure qu'il ne fallait pas qu'il fût.
« Tu vois bien que faire une telle recherche,
« c'est disputer avec Dieu sur son droit. Or,
« nous ne disputerions pas ainsi avec les
« Dieux, s'ils n'étaient pas souverainement
« bons et souverainement justes. Etant tels,

---

(1) Nous empruntons presque textuellement, pour cette citation et pour la suivante, la traduction de M. Pierron qui, mieux que celle de M. de Joly, paraît rendre exactement la pensée de Marc-Aurèle sur la survivance des âmes vertueuses, pages 203 et suivantes.

« ils n'ont rien laissé passer, dans l'or-
« donnance du monde, qui soit contraire à
« la justice et à la raison (1). »

(1) Suprà, note précédente.

CHAPITRE IX.

L'origine et la nature du bien et du mal dans l'univers.

De la notion de la toute-puissance et de la providence de Dieu, et de celle de la liberté et de la raison de l'homme, Marc-Aurèle déduit, avec les autres Stoïciens, la théorie de l'origine et de la nature du bien et du mal.

Il distingue, d'abord, entre le bien et le mal considérés en général, c'est-à-dire abstraction faite de l'homme qui en est l'auteur ou l'objet, et le bien et le mal considérés en particulier, c'est-à-dire au point de vue concret de l'homme qui en est l'auteur ou de celui qui en est l'objet.

Considérés en général, le bien et le mal sont également des éléments de l'ordre de l'univers. Tout ce qui arrive est, en effet, une suite nécessaire des volontés de Dieu et rentre dans l'harmonie du monde, puisque la Providence est la source de toute chose et qu'elle est essentiellement bonne et sage.

Tout ce qui a lieu est même juste, non-seulement par rapport à l'ordre arrêté des événements, mais encore selon les règles de la justice distributive, puisque la Providence est souverainement équitable (1).

Ainsi, non-seulement ce que l'on appelle le mal physique, la souffrance, les infirmités, la mort, tous les autres évènements fâcheux ou douloureux qui atteignent les êtres créés, même le vice considéré en général, ne sont point un mal pour l'univers (2). Toutes ces choses, aussi bien que celles qu'on nomme heureuses ou bonnes, la Providence les emploie à la réalisation de ses desseins, de même qu'un architecte dispose des pierres de différentes formes pour élever l'édifice dont il a conçu le plan (3).

(1) Pages 61 à 64, 66 et 67, 69, 140, 149.
(2) Page 186.
(3) Page 140.

CHAPITRE X.

Le bien et le mal dont l'homme est l'objet ou l'auteur.

Considérant, ensuite, le bien et le mal au point de vue particulier ou concret, Marc-Aurèle distingue entre le bien et le mal dont l'homme est l'objet, et le bien et le mal dont il est l'auteur volontaire.

Aucune des choses réputées heureuses ou malheureuses, — dit-il, — ne sont de véritables biens ou de véritables maux pour celui qui en jouit ou en souffre, non plus que pour l'ordre général du monde. Ces choses, en effet, arrivant aussi bien aux bons qu'aux méchants, si le bonheur ou le malheur des hommes en dépendait, ce serait un désordre inconciliable avec la justice et la bonté de la Providence; admettre l'existence d'un tel désordre serait à la fois déraisonnable et impie. Malgré les apparences contraires, tout ce qui advient à chaque homme lui est même utile; car, dans leur justice, les Dieux ne peuvent avoir et n'ont en vue que le bonheur de chacun des êtres créés aussi bien que l'harmonie universelle (1).

De même que les souffrances morales ou physiques, résultant soit du fait des êtres dénués de raison ou accidentellement inconscients, soit de l'enchaînement général des choses, celles qui sont causées par le vice d'autrui ne sont pas, pour l'homme qui les subit, des maux véritables. Pour lui, ces souffrances rentrent, comme les autres, dans la catégorie des circonstances à tort réputées heureuses ou malheureuses, qui surviennent justement, suivant l'ordre, plus ou moins apparent ou caché, qui est établi par la Providence (2).

Au contraire, le vice ou le mal moral est un mal véritable pour celui qui s'y abandonne, comme les actions bonnes ou vertueuses sont, pour celui qui les fait, un véritable bien. Chaque homme, en sa qualité d'être intelligent, raisonnable et libre, est, en effet, maître de coopérer au mal général, en étant vicieux, ou au bien général, en étant vertueux. Quelle que soit son option, il demeure, sans doute, au nombre des ouvriers

(1) Pages 69, 70, 73.
(2) Page 180.

de la Providence. Mais, s'il fait le bien, il compte parmi les ouvriers de l'ordre supérieur; il prend place à côté des Dieux, en contribuant, avec intelligence et suivant les lois de sa raison émanée de la Raison Universelle, à l'harmonie de l'univers; s'il fait le mal, il se range parmi les ouvriers inférieurs et inconscients; il se ravale au rang des animaux n'ayant d'autre loi que leur instinct brutal, ou même à celui des êtres inanimés qui contribuent, seulement par leur existence et leurs mouvements mécaniques, à l'ordre de la création (1).

(1) Pages 68, 86 et 87.

CHAPITRE XI.

Quels sont les principes de la morale stoïcienne, et comment ils procèdent des dogmes du Stoïcisme ?

Les Pensées de Marc-Aurèle montrent comment, des dogmes du Stoïcisme, procède la morale stoïcienne. Dans les préceptes que le sage Empereur enseigne, ou plutôt qu'il se rappelle à lui-même, on retrouve non-seulement les traits généraux, mais les nuances, même les plus délicates, de sa métaphysique.

Comme cette métaphysique est profondément religieuse, la piété est le caractère dominant de la morale de Marc-Aurèle.

CHAPITRE XII.

La piété envers les Dieux et la prière.

L'homme doit honorer les Dieux; car la Providence du Dieu créateur et des autres Dieux veille sur lui, partout et à toute heure, avec une sollicitude qui ne se lasse et ne se rebute jamais. Sa piété doit être filiale; car, il est le fils de l'Ame Universelle qui, dans sa bonté, lui a donné la raison et tous les véritables biens (1).

L'adoration vague ne suffit pas; l'homme doit prier. C'est en suppliant les Dieux, en leur offrant des sacrifices, qu'il obtiendra d'être éclairé dans les ténèbres où peut le plonger l'infirmité de sa nature, et d'être fortifié dans les faiblesses auxquelles le sollicite l'infirmité de sa volonté (2).

La prière doit être digne des Etres Divins auxquels elle est adressée. Ainsi, qu'elle ne soit pas un simple assemblage de formules! Celui qui supplie les Dieux ne doit pas leur

(1) Page 76.
(2) Pages 74 et 75.

demander les faux biens, tels que la richesse ou les honneurs, mais les vrais biens, c'est-à-dire ceux qui servent à la fin pour laquelle Dieu a créé l'homme, les moissons qui l'aideront à soutenir sa vie pendant le temps fixé par la Providence, les sentiments de piété, de justice, de vertu qui sont conformes à sa nature et à l'ordre divin (1).

Pour que l'adoration soit agréable aux Dieux et la prière efficace, que l'homme y joigne l'humilité du cœur, la simplicité de l'esprit, le recueillement intérieur ! C'est ainsi qu'il entendra la voix des Dieux, qu'il sentira leur présence, qu'il aura la vision des Etres Divins, non sans doute la vision des sens, mais celle de l'âme (2). Parfois même, les Dieux lui apparaîtront ou lui donneront, en songe, des salutaires conseils, non-seulement sur sa direction morale, mais même sur sa santé. Marc-Aurèle ne doute pas qu'ainsi les Dieux ne lui aient, pendant son sommeil, indiqué des remèdes et ne l'aient miraculeusement guéri (3).

La piété, enfin, ne doit pas être intermittente; la communion de l'homme, avec

(1) Pages 74 et 75.
(2) Page 61.
(3) Page 50.

l'Ame universelle et les Dieux créés, doit être intime et de tous les instants!

« Ne te borne pas à respirer, en commun, « l'air qui nous environne; mais commence « aussi à ne plus avoir d'autres pensées que « celles que nous inspire l'Intelligence qui « nous porte en son sein. Cette souveraine « Intelligence, répandue partout et qui se « communique à tout homme qui sait l'atti-« rer, est, pour lui, ce que l'air ne cesse « d'être pour tout ce qui a la faculté de res-« pirer (1). »

Non-seulement Marc-Aurèle recommande les supplications aux Dieux, mais il prie; et ses prières sont le témoignage de sa sincère et pure piété.

Il rend grâce, à la Providence, du bien qu'il a reçu et de celui qu'il a pu faire, d'avoir été formé à la bienfaisance, et d'avoir échappé aux fautes qu'il était exposé à commettre. Remerciant les Dieux des plus heureux événements de sa vie, il écrit ces paroles qu'on croirait être d'un Saint du Christianisme : « Je leur rends grâce d'avoir « conservé mon innocence à la fleur de mon « âge, et de ce qu'ayant plus tard donné

(2) Page 58.

« dans les passions de l'amour, je m'en suis
« guéri. »

Si austère qu'elle soit, sa vertu ne lui a pas desséché le cœur. Ne trouve-t-on pas une saveur particulière de naïve bonté dans ces paroles :

« Je rends grâce aux Dieux d'avoir eu de
« bons aïeux, un bon père, une bonne mère,
« de bons domestiques, de bons parents, de
« bons amis, presque tout ce qu'on peut
« désirer de bon ; et de n'avoir manqué à
« aucun d'eux, quoique je me sois trouvé
« dans des dispositions à leur échapper, si
« l'occasion s'en fût présentée ; mais la bonté
« des Dieux a éloigné de moi les circons-
« tances qui m'auraient fait tomber dans
« cette faute... Je leur rends grâce aussi de
« ce que, ma mère devant mourir jeune, j'ai,
« du moins, passé auprès d'elle les dernières
« années de sa vie (1). »

Dans le Stoïcisme comme dans le Christianisme, la pureté du cœur et la piété peuvent s'allier admirablement à la tendresse, et celle-ci puise dans cette alliance plus de vivacité et de douceur.

(1) Pages 53 et 55.

CHAPITRE XIII.

L'honneur dû à la raison humaine.

De même que l'homme doit honorer les Dieux, il doit honorer son âme raisonnable. N'est-elle pas une émanation de la Raison divine, un génie divin destiné à conduire la partie inférieure et animale qui lui est momentanément associée? N'est-elle pas un Dieu que l'homme porte en lui-même? (1) Le culte de l'homme pour la raison, qui lui a été donnée, est ainsi un acte de piété envers la Divinité suprême qui a localisé, en lui, une de ses manifestations.

Pour honorer notre raison, nous ne devons pas nous borner à une contemplation intérieure vague et inactive, comme, pour honorer les Dieux, nous ne devons pas leur adresser seulement des prières même remplies d'effusion. Il nous faut aussi coopérer à l'œuvre de la Providence, comme il convient à des Êtres raisonnables, en nous étudiant

(1) Pages 127, 253.

à régler nos affections et nos mouvements sur les commandements de la Raison universelle(1).

Pour connaître ces commandements, l'homme n'a qu'à contempler la nature de l'Univers et à considérer sa nature propre (2); car, « dans un être raisonnable, la même « action, qui est conforme à la nature l'est « aussi à la raison (3). » Cette contemplation intime fera connaître, à l'homme, avec les propriétés de son âme, la Loi naturelle ou divine; car, « la sphère de l'âme est lumi- « neuse, lorsqu'elle ne s'étend et ne s'attache « à rien du dehors, lorsqu'elle n'est point « affaissée. Alors elle brille d'une lumière « qui lui découvre la vérité de tout ; et cela « au dedans d'elle-même (4). »

(1) Pages 68, 69, 77.
(2) Page 259.
(3) Pages 80, 164, 166 et 167.
(4) Pages 78, 90 et suivantes.

CHAPITRE XIV.

La justice et l'amour du prochain.

Au nombre des principales propriétés naturelles de l'âme humaine et des actes de piété les plus agréables à la Divinité, Marc-Aurèle place non-seulement la justice, mais aussi l'amour du prochain (1).

Tous les êtres, — dit-il, qui participent de la Nature intelligente, c'est-à-dire de Dieu, sont sociables; ils éprouvent, pour les êtres du même genre qu'eux-mêmes, un penchant, un attrait, une mutuelle affection. Les animaux eux-mêmes ont l'instinct de la sociabilité; mais, plus un être est parfait, plus il est prompt à se joindre à son semblable et à se confondre avec lui. Telle est la nature de l'homme, dont celui-ci ne s'écarte qu'en méconnaissant les lois de son être et, par suite, le décret de Dieu qui a créé, les uns pour les autres, les membres de la famille humaine (1). Les devoirs réciproques des hommes sont

(1) Page 91.
(6) Page 91.

aussi indiqués par le lien de proche parenté qui les unit; également émanés de l'Ame Universelle, qui les a créés du même genre et les a rendus participants de la même Intelligence, ils sont tous frères (1).

C'est pourquoi les hommes doivent, surtout dans les afflictions, se prêter mutuellement aide et secours, gratuitement et sans calcul personnel; le bienfaiteur doit oublier son bienfait. « Il y a tel qui, après avoir fait
« plaisir à quelqu'un, se hâte de lui porter
« en compte cette faveur. Un autre ne fait
« pas cela; mais il a toujours présent à la
« pensée le service qu'il a rendu, et il regarde
« celui qui l'a reçu comme un débiteur. Un
« troisième ne songe même pas qu'il a fait
« plaisir; semblable à la vigne qui, après
« avoir porté du raisin, ne demande rien de
« plus, contente d'avoir porté le fruit qui lui
« est propre. Le cheval, qui a fait une course,
« le chien, qui a chassé, l'abeille qui a fait
« du miel, et le bienfaiteur ne font point de
« bruit, mais passent à quelque autre action
« de même nature, comme fait la vigne, qui,
« dans la saison, donne d'autres raisins (2). »

(1) Pages 90 et 91, 126.
(2) Page 96, — Adde : pages 91, 115.

Ainsi encore, le pardon des offenses est-il une obligation. « On vient de t'offenser !
« Songe promptement à ton esprit, à celui
« de l'Univers, à celui de l'offenseur : au
« tien, pour te rendre juste; à celui de
« l'Univers, pour te souvenir de qui tu fais
« partie; à celui d'un tel, pour voir si ce
« n'est pas ignorance de sa part, plutôt que
« dessein prémédité. Songe en même temps
« que, comme homme, il est ton parent (1). »

Ce n'est pas assez que de pardonner ; il faut venir en aide aux ingrats et rendre aux méchants le bien pour le mal.

« Les Dieux immortels ne se fâchent pas
« d'avoir à supporter si longtemps un si
« grand nombre d'hommes et si méchants ; et
« toi, qui as si peu de temps à vivre, tu en
« es las! Et cela, quoique tu sois un de ces
« méchants. Il ne faut pas s'irriter contre
« eux ; il faut même en prendre soin et les
« supporter avec douceur...... N'oublie pas
« qu'il n'y a ici bas qu'un seul objet qui mérite
« d'occuper nos pensées, c'est de vivre avec
« douceur parmi des hommes menteurs ,et
« injustes, sans jamais nous écarter nous-
« mêmes de la vérité et de la justice (2). »

(1) Pages 90 et 91. — Adde : pages 182, 208.
(2) Pages 197, 206, 329. — Adde : page 100.

Bien plus, il faut aimer qui nous offense, nous hait et nous méprise. « Quels que « soient les hommes avec lesquels le sort « nous fait vivre, aime-les, mais véritable-« ment (1) ».

Est-il possible de méditer sans émotion ces admirables préceptes que le Stoïcisme a déduits de la notion du Dieu infiniment juste et bon, créateur et protecteur de l'homme, et de la nature divine de la raison humaine?

Au surplus, la liaison intime qui, dans le Stoïcisme, unit les devoirs envers Dieu aux devoirs envers les hommes, est encore attestée par ces religieuses paroles : « Tu « ne feras rien de bien, dans les choses hu-« maines, si tu oublies le rapport qu'elles « ont avec Dieu, ni rien de bien, dans les « choses divines, si tu oublies leur liaison « avec la Société (2) ».

(1) Pages 172, 239, 248. — Adde : pages 209, 235 à 242.
(2) Pages 178 et 179.

CHAPITRE XV.

Le respect de la vérité.

C'est aussi de ces dogmes religieux que le Stoïcisme fait dériver le devoir de respecter scrupuleusement la vérité, d'être loyal en toutes choses et surtout d'éviter l'hypocrite ostentation de la franchise (1).

« Faire un mensonge, — écrit Marc-
« Aurèle, — c'est pécher contre la plus
« ancienne Déesse ; car la Nature Univer-
« selle est mère de tous les êtres, ce qui les
« rend parents ; et, de plus, la Nature uni-
« verselle est nommée, avec raison, la Vérité,
« puisqu'elle est la souche de la vérité même.
« Ainsi, celui qui ment avec réflexion pèche,
« parce qu'en trompant il fait une injustice ;
« et celui qui ment sans réflexion fait tou-
« jours une action injuste, en ce qu'il rompt
« l'harmonie établie par la Nature Univer-
« selle, en ce qu'il trouble l'ordre en contra-
« riant la Nature du Monde. En effet, c'est

(1) Page 184.

« la contrarier que de se porter à la fausseté
« malgré son propre cœur ; car ce cœur avait
« reçu de la Nature un sentiment d'aversion
« pour le faux ; et c'est pour n'y avoir fait
« aucune attention que maintenant il n'est
« plus en état de sentir la différence du faux
« d'avec le vrai (1). »

Aussi sois toujours véridique, afin qu'on
« te croie sur ta parole, sans serments ni
« témoins (2)..... Que ce discours — j'ai
« résolu de traiter franchement avec vous —
« suppose de corruption et de fausseté ! Que
« fais-tu, ô homme ! A quoi bon ce préam-
« bule ? La chose se fera voir d'elle-même.
« Ce que tu dis a dû, dès le commencement,
« être écrit sur ton front, éclater dans tes
« yeux, et s'y laisser lire avec autant de
« facilité qu'un amant découvre toutes choses
« dans les yeux de sa maîtresse. Un homme
« franc et honnête est, en quelque sorte,
« comme celui qui a quelque senteur ; dès
« qu'on l'approche, on sent, et même sans
« le vouloir, avec qui on a affaire. L'osten-
« tation de franchise est un poignard
« caché. Rien de si horrible que des ca-
« resses de loup. Evite cela sur toutes

(1) Page 91. Adde : pages 113, 282.
(2) Pages 183 et 184.

« choses. Un homme vertueux, simple et
« sans art, et qui n'a que de bonnes inten-
« tions, porte cela dans ses yeux. On le
« voit (1) ».

(1) Pages 183 et 184.

CHAPITRE XVI.

La pudeur. — Résistance aux passions dont la source est dans le corps, à la colère, à la volupté, à la paresse.

La contemplation de la Nature Universelle, spécialement de la nature humaine, démontre également que, la pudeur étant une propriété de l'âme, celle-ci doit éviter les actions et les pensées déshonorantes. Or, elle se déshonore, en désobéissant aux Lois de la Nature Universelle, notamment lorsque, cessant d'être maîtresse d'elle-même et succombant aux passions dont la source est dans les entraînements du corps, elle se laisse emporter par la colère, endormir par la paresse, ou séduire par les voluptés (1).

Parce que cette dernière faute est commise avec un sentiment de plaisir, elle est la plus grave de celles auxquelles peut être entraînée la raison par son association avec la partie animale de l'être humain (2). Aussi, Marc-

(1) Page 182.
(2) Page 184.

Aurèle insiste-t-il, à plusieurs reprises, sur les motifs métaphysiques, qui imposent, aux hommes, le devoir de s'en détourner.

« C'est le propre d'une substance spiri-
« tuelle et raisonnable, — dit-il, — de pou-
« voir se renfermer en soi-même et dominer
« sur les sens, sur les appétits qui sont du
« pur animal; et cela est juste, puisqu'ils
« n'ont été faits que pour la servir (1).....
« Sois donc continent, sobre, impassible.
« Que ton guide, la partie dominante de ton
« âme reste inébranlable malgré les impul-
« sions douces ou rudes que la chair éprouve !
« Qu'au lieu de se confondre avec la chair,
« elle se renferme chez elle, et qu'elle confine
« les passions dans le corps ! Que si, par
« une sympathie dont la cause ne dépend
« pas d'elle, la passion s'étend jusqu'à l'esprit,
« à cause de son union avec le corps, il ne
« faut pas s'efforcer alors de repousser un
« sentiment qui est dans l'ordre naturel ;
« mais il faut que mon guide se garde bien
« d'y ajouter, de son chef, l'opinion que ce
« soit, pour lui-même, un bien ou un
« mal (2). »

Aussi, accoutume-toi non-seulement à éviter

(1) Page 256.
(2) Pages 136 et 137.

toute action déshonorante, mais aussi « à
« régler tes pensées à tel point que, si on
« venait tout à coup à te demander à quoi tu
« penses, tu puisses répondre aussitôt et
« sans te gêner : Je pensais à ceci ou à
« cela ; en sorte que, par ta réponse, on vit
« à découvert que tu n'as rien, dans l'âme,
« que de simple, de bon, de convenable à un
« être destiné à vivre en société, qui rejette
« les plaisirs grossiers, toute imagination
« voluptueuse, ...enfin tout ce qui te cou-
« vrirait de honte, si tu faisais l'aveu de ce
« qui se passe dans ton cœur (1) ».

Marc-Aurèle résume ses pensées sur la pudeur stoïcienne, dans ce beau portrait du sage.

« Un homme qui, sans différer à prendre
« soin de lui-même, s'occupe ainsi à être dès
« à présent du nombre des plus vertueux,
« doit être regardé comme un prêtre et un
« ministre des Dieux, puisqu'il se consacre
« au culte de celui qui a été placé au dedans
« de lui, comme dans un temple. En cet état,
« il ne se laisse plus salir par les voluptés ;
« aucune douleur ne parvient à l'abattre ; il
« est supérieur aux atteintes de la calomnie ;

(1) Pages 107 et 108. — Adde : pages 51, 55 et 219.

« il est insensible à la méchanceté ; c'est un
« athlète qui, dans le plus noble des combats,
« demeure vainqueur de toutes les pas-
« sions (1). »

(2) Suprà, loco citato.

CHAPITRE XVII.

Égalité et fermeté de l'âme. — Soumission aux décrets de la Providence.

L'égalité et la fermeté calme et sereine de l'âme, ou la tempérance, sont prescrites par le Stoïcisme, au nom de la soumission due aux décrets de la Providence, au nom de l'honneur dû aux Dieux et au Génie divin qui est la raison humaine.

Aussi, l'homme instruit et disposé à la vertu doit non seulement s'étudier à dominer ses passions, mais encore ne jouir qu'avec modération et détachement de ce que le vulgaire considère comme heureux, des plaisirs, de la richesse, des honneurs ; il doit accepter avec résignation, bien plus, avec joie et amour, tout ce que les hommes grossiers, charnels, ignorants de la vérité, appellent la douleur ou l'infortune, la pauvreté, la souffrance, l'opprobre, la perte des amis, des enfants, la mort (1).

(1) Pages 62, 63, 69 et suivantes, 270.

Dans sa confiance en la bonté des Dieux, il se résigne même à leur abandon apparent. Non par fierté, mais par un sentiment de résignation et d'amour, il dit à Dieu : « Donne-moi ce que tu voudras, reprends ce « qu'il te plaira, ô Univers ! Tout ce qui te « convient m'accomode. Tout ce qui est de « saison pour toi ne peut être, pour moi, ni « prématuré, ni tardif. O Nature ! Ce que « tes saisons m'apportent, est, pour moi, un « fruit toujours mûr. Tu es la source de « tout, l'assemblage de tout, le dernier terme « de tout (1) ».

(1) Pages 73 et 74, 71.

CHAPITRE XVIII.

Modestie et humilité.

Le principal écueil des doctrines austères et de la pratique même de la vertu, c'est l'orgueil.

En poussant l'homme vertueux à rechercher l'estime et les applaudissements, non-seulement la vanité le porte à substituer, aux inspirations désintéressées, des mobiles d'un ordre inférieur, mais elle l'expose à commettre des actes répréhensibles ou même coupables que l'opinion publique, trop souvent égarée, excuse ou glorifie. En l'incitant à se comparer aux hommes absorbés par des soucis vulgaires, séduits par l'erreur ou par la volupté, l'orgueil le pousse à les mépriser. En le plongeant dans la contemplation de sa supériorité, dans celle des nobles efforts par lesquels il élève ses pensées, résiste au vice et accomplit des actes méritoires ou héroïques, malgré les tentations de l'égoïsme ou des plaisirs, de la paresse ou de la lâcheté, l'orgueil l'entraîne aussi à se dresser, à lui-même, un autel au plus profond de son cœur. L'homme vertueux est ainsi exposé à devenir dur, hautain, impitoyable ; et sa vertu même devient l'occasion de sa chute.

Les moralistes chrétiens, qui se sont occupés à guider les âmes pieuses et surtout celles que la recherche de la perfection a poussées à la vie contemplative, ont exactement décrit les caractères de cet orgueil du bien, et les voies par lesquelles, s'insinuant dans l'âme du juste, il la corrompt, presque à l'insu d'elle-même, comme le ver gâte les fruits en apparence les plus beaux et les plus savoureux. Dans un autre esprit, les satyriques des temps modernes ont dépeint le même vice des âmes éprises de la vertu, en criblant, de leurs épigrammes et de leurs invectives, l'orgueil des moines, comme les satyriques de l'antiquité, l'orgueil des philosophes.

Aussi, Marc-Aurèle s'attache-t-il à dissiper la vanité et à abaisser l'orgueil. A qui est séduit par les louanges des hommes ou ému par la crainte de leur blâme, il montre que le bien est indépendant de l'opinion.

« Le beau en tout genre, — dit-il, — l'est
« par lui-même ; il se réduit à lui seul et la
« louange n'en fait pas partie. Ainsi, rien ne

« devient meilleur ou pire par les discours
« d'autrui. Nous en convenons pour ce qu'on
« appelle communément beau dans les pro-
« ductions de la nature ou de l'art. Mais
« manque-t-il quelque chose à ce qui est beau
« de sa nature ? Pas plus qu'à la loi, qu'à la
« vérité, qu'à l'humanité, qu'à la pudeur.
« Qu'y a-t-il là qui devienne beau par la
« louange ou qui soit altéré par le blâme ?
« L'émeraude perd-elle sa beauté si on cesse
« de la louer ? En est-il autrement de l'or,
« de l'ivoire, de la pourpre, d'une lyre, d'une
« belle arme, d'une fleur, d'un arbris-
« seau (1) ? »

Ailleurs, Marc-Aurèle encourage douce-
ment à la modestie, en montrant à quel point
l'obscurité de la vie et même l'infériorité du
savoir peuvent s'allier avec le bonheur et le
plus haut mérite moral. « Il est très possible,
« — dit-il, — d'être, en même temps, un
« homme divin et un homme inconnu à tout
« le monde. N'oublie jamais cette vérité, et
« souviens-toi encore qu'il faut bien peu de
« connaissances pour vivre heureux ; car
« enfin, parce que tu ne peux espérer de
« devenir un grand dialecticien, un grand
« physicien, renonceras-tu à être libre, mo-

(1) Page 188.

« deste, sociable, résigné aux volontés de
« Dieu ? »

L'orgueil de la puissance et de la gloire
est réfréné par ces éloquentes paroles :

« Contemple, comme d'un lieu élevé, — se
« dit l'Empereur à lui-même, — ces milliers
« d'attroupements, ces milliers de funérailles,
« toutes ces navigations en tempête ou par
« un beau temps, cette diversité d'êtres qui
« vivent quelque peu ensemble et qui meu-
« rent. Songe à ceux qui ont vécu sous
« d'autres règnes et qui vivront après le tien,
« et aux nations barbares. Combien ignorent
« jusqu'à ton nom ! Combien l'auront bientôt
« oublié ! Combien s'accordent aujourd'hui
« à te bénir et qui te maudiront demain !
« Ah ! que cette renommée, que cette gloire,
« que le tout ensemble est méprisable (1) !
« Alexandre de Macédoine et son muletier
« ont été, en mourant, réduits au même état ;
« car, ou ils sont rentrés également dans la
« pépinière de tous les êtres du monde, ou ils
« se sont également dissipés en atômes (2).
« Souviens-toi donc de la Substance Univer-
« selle dont tu n'es qu'un atôme, de l'éternité
« entière, dans laquelle tu n'as eu en partage

(1) Pages 103 et 104.
(2) Page 180.

« qu'un instant très court et presque insen-
« sible, du destin général dont tu n'es qu'un
« si mince objet (1). Souviens-toi que, dans
« peu de temps, tu oublieras tout et que tu
« seras oublié (2). »

Ce n'est point encore assez ; Marc-Aurèle se rappelle à l'humilité en se flagellant, pour ainsi dire, par les interpellations les plus méprisantes : « Couvre-toi de honte, mon
« âme ; couvre-toi de honte ! Tu n'auras plus
« le temps de t'honorer toi-même. Chacun
« a le pouvoir de bien vivre ; mais ta vie
« est presque passée... Vil esclave, tais-
« toi ! (3) »

(1) Page 195.
(2) Page 271.
(3) Page 194.

CHAPITRE XIX.

Le bon emploi du temps.

Le danger de l'humilité et de la modestie, c'est de dégénérer en timidité et en torpeur. A quoi bon s'épuiser en pénibles efforts, alors que tout ce qui nous touche est vanité, et que, nous-mêmes, nous ne sommes que néant ? Le Stoïcisme réagit contre ce pessimisme énervant, au nom des devoirs de l'homme envers Dieu et ses semblables. S'il faut avoir présente à l'esprit la fragilité de la vie, c'est pour se souvenir sans cesse qu'on doit se hâter de pratiquer le bien.

« La vie est courte ; il est question de
« mettre à profit ce qui se présente, selon
« la raison et la justice (1). Point d'entre-
« prise vaine et sans objet ; point encore
« qui ne se rapporte à quelque avantage
« pour la Société (2). La plupart de nos con-
« versations et de nos actions sont inutiles,
« et, si on les retranche, on en aura plus de

(1) Page 171.
(2) Page 177.

« plaisir et moins de trouble. Il faut donc
« se redire en chaque occasion : Ceci n'est-
« il pas inutile (1) ? Il est encore nécessaire
« de se souvenir que le soin, que tu donnes
« à chaque action, doit être proportionné au
« mérite de la chose (2). Ce ne sont pas seu-
« lement les actions inutiles qu'il faut
« retrancher, mais aussi les imaginations ;
« car, si on ne songe à rien d'inutile, on ne
« fera rien qui le soit (3). »

(1) Page 170.
(2) Page 176.
(3) Page 170.

CHAPITRE XX.

La contemplation intérieure.

Toutes les hautes et difficiles vertus que le Stoïcisme recommande, comment l'homme trouvera-t-il la force de les pratiquer? C'est, avec la protection des Dieux, par la contemplation intérieure et par la croyance au vrai bonheur, qui est l'un des résultats de cette contemplation même.

Aussi, la contemplation intérieure est-elle, suivant le Stoïcisme, l'une des plus importantes, sinon la première des vertus. « C'est « en se contemplant elle-même, — dit Marc-« Aurèle, — que l'âme se plie, se tourne et « se fait ce qu'elle veut être (1) ».

Cette appréciation, qui peut paraître excessive aux hommes entraînés par le tourbillon des intérêts et des plaisirs, est pourtant le résultat d'une observation très judicieuse de la nature humaine. L'expérience ne prouve-t-elle pas combien la méditation solitaire est efficace pour façonner l'intelligence, former

(1) Page 170.

et affermir la volonté? De même que le soldat est préparé à défendre sa vie et à frapper l'ennemi, par une escrime qui transforme, en actes instinctifs, des mouvements inventés avec art et souvent appris à grand'peine, la méditation prépare merveilleusement à accomplir, comme chose toute naturelle, les actes auxquels répugne le plus l'infirmité de la nature humaine. C'est par les intenses méditations, par les exercices journaliers de l'imagination, par les habitudes d'esprit ainsi contractées, que tant de sages, de héros, de saints ont, avec sérénité d'âme et même avec joie, bravé les supplices et affronté la mort pour leur patrie et leurs croyances.

Dans le Stoïcisme, le devoir de pratiquer la contemplation intérieure découle du dogme, aussi bien que celui de pratiquer les autres vertus. La raison de l'homme étant une manifestation de la Raison divine, écouter sa voix dans le recueillement, suivre les préceptes qu'elle révèle, c'est comtempler Dieu même, l'écouter et lui obéir. La méditation étant, d'autre part, une propriété de l'âme, comme la justice et la pudeur, l'homme doit s'y livrer conformément aux lois de la Nature Universelle (1).

(1) Page 78.

CHAPITRE XXI.

L'examen de conscience.

Marc-Aurèle recommande la contemplation intérieure sous ses deux formes : l'examen de conscience et la méditation des vérités éternelles.

« Songe, d'abord, à tes propres actions,
« — se dit-il, — et commence par t'examiner toi-même (1). Comment t'es-tu comporté, jusqu'à présent, avec les Dieux,
« tes parents, tes frères, ta femme, tes enfants, tes gouverneurs, tes amis, tes officiers, tes domestiques ? N'as-tu point à te reprocher d'avoir manqué à quelqu'un d'eux, par tes actions et par tes paroles ?...
« As-tu souvent méprisé la volupté, la douleur, la vaine gloire ? Combien d'ingrats as-tu traités avec bonté (2). »

Surtout, conserve précieusement la délicatesse de ta conscience. « Qu'ai-je à faire

(1) Page 147.
(2) Page 216.

« de vivre plus longtemps, — s'écrie Marc-
« Aurèle, — si je perds le sentiment de mes
« fautes ! »

Ainsi présentes à notre esprit, nos fautes mêmes serviront à notre propre bien ; elles nous maintiendront dans la modestie et l'humilité ; elles nous porteront à agir avec douceur. « Quand tu trouves quelqu'un en
« faute, compte, sur tes doigts, les fautes à
« peu près semblables que tu fais, par
« exemple, en regardant comme un bien les
« richesses, le plaisir, la vaine gloire et
« autres choses pareilles ; c'est un voile que
« tu jetteras sur la faute d'autrui ; et ton
« indignation disparaîtra bien vite. Ajoute
« que c'est malgré lui qu'il a péché. Que
« pouvait-il faire ? Ou bien, délivre-le, si tu
« peux, de la tyrannie qu'il éprouve (1) ».

A l'examen de conscience, se lie le propos d'éviter le retour des fautes, qu'on a précédemment commises, et les nouvelles fautes qu'on peut être exposé à commettre. Mais il ne suffit pas d'un propos sans consistance et sans résultat. Marc-Aurèle indique la direction que, pour faire le bien, l'homme doit donner à ses pensées et à ses sentiments.

(1) Page 253.

« A toute heure du jour, en toute occa-
« sion, songe, — se dit l'Empereur, — à te
« comporter en vrai Romain, en homme
« digne de ce nom, sans négligence, sans
« affectation de gravité, avec amour pour
« tes semblables, avec liberté, avec justice.
« Fais ton possible pour écarter toute autre
« idée ; tu y réussiras, si tu fais chacune
« de tes actions comme la dernière de ta
« vie, sans précipitation, sans passion qui
« t'empêche d'écouter la raison, sans hypo-
« crisie, sans amour-propre et avec résigna-
« tion à ta destinée (1).

« Sur chaque action qui se présente à
« faire, demande-toi : Me convient-elle ? Ne
« m'en repentirai-je pas ? Bientôt je ne serai
« plus. Tout aura disparu pour moi. Que
« me reste-t-il à désirer que de faire pré-
« sentement une action qui soit digne d'un
« être intelligent, uni à tous les autres et
« soumis à la même loi que Dieu (2) !

« Forme aussi le plan de régler ta vie en
« détail, action par action. Si chacune a,
« autant qu'il est possible, sa perfection,
« c'est assez. Or, personne ne peut t'empê-
« cher de la lui donner. Viendra-t-il quelque

(1) Pages 212 et 213.
(2) Pages 81 et 82.

« empêchement du dehors? Rien ne peut
« t'empêcher d'être juste, modéré, prudent.
« Mais peut-être quelque autre chose t'em-
« pêchera-t-elle d'agir? En ce cas, si tu ne
« te fâches point contre cet obstacle, et si
« tu le reçois avec résignation, il naîtra de
« là, sur le champ, une autre sorte d'action
« qui conviendra également au bon règle-
« ment que j'ai dit (1) ».

(3) Page 176.

CHAPITRE XXII.

La méditation des vérités éternelles.

La méditation des vérités éternelles, de la mort, du néant des choses d'ici-bas inspire à Marc-Aurèle une foule d'admirables pensées. Je me borne à citer deux fragments, l'un sur le recueillement, l'autre sur la mort.

« La plupart des hommes cherchent la
« solitude dans les champs, sur les rivages,
« sur les collines. C'est aussi ce que tu
« recherches ordinairement avec le plus
« d'ardeur. Mais c'est un goût très vulgaire ;
« il ne tient qu'à toi de te retirer, à toute
« heure, au dedans de toi-même. Il n'y a
« aucune retraite où un homme puisse
« être plus en repos et plus libre que
« dans l'intérieur de son âme ; principale-
« ment s'il y a mis de ces choses précieuses
« qu'on ne peut recevoir et considérer sans
« se trouver aussitôt dans un calme parfait,
« qui est, selon moi, l'état habituel d'une
« âme où tout a été mis en bon ordre et à
« sa place.

« Jouis donc très souvent de cette soli-
« tude et reprends-y de nouvelles forces.
« Mais aussi, fournis-la de ces maximes
« courtes et élémentaires, dont le seul res-
« souvenir puisse dissiper, sur le champ,
« tes inquiétudes et te renvoyer en état de
« soutenir, sans trouble, tout ce que tu re-
« trouveras.

« Car enfin, qu'est-ce qui te fait de la
« peine? Est-ce la méchanceté des hommes?
« Mais rappelle-toi ces vérités-ci : que tous
« les êtres pensants ont été faits pour se
« supporter les uns les autres ; que cette
« patience fait partie de la justice qu'ils se
« doivent réciproquement ; qu'ils ne font pas
« le mal parce qu'ils veulent le mal. D'ail-
« leurs, à quoi a-t-il servi, à tant d'hommes
« qui sont maintenant au tombeau, réduits
« en cendres, d'avoir eu des inimitiés, des
« soupçons, des haines, des querelles?

« Cesse donc enfin de te tourmenter.

« Te plains-tu encore du lot d'événements
« que la Cause Universelle t'a départi?
« Rappelle-toi ces alternatives de raison-
« nement : ou c'est la Providence, ou c'est
« le mouvement fortuit des atômes qui anime
« tout ; ou enfin, il t'a été démontré que le
« monde est une grande ville...

« Mais tu es importuné par les sensations
« du corps? Songe que notre entendement
« ne prend point part aux impressions
« douces ou rudes que l'âme animale éprouve,
« sitôt qu'il est, une fois, renfermé chez lui
« et qu'il a reconnu ses propres forces. Au
« surplus, rappelle-toi encore tout ce qu'on
« t'a enseigné sur la volupté et sur la dou-
« leur, et que tu as reconnu pour vrai.

« Mais, ce sera un désir de vaine gloire
« qui viendra t'agiter ?

« Considère la rapidité avec laquelle
« toutes choses tombent dans l'oubli ; cet
« abîme immense de l'éternité qui t'a pré-
« cédé et qui te suivra; combien un simple
« retentissement de bruit est peu de chose ;
« la diversité et la folie des idées que l'on
« prend de nous ; enfin, la petitesse du cercle
« où ce bruit s'étend ; car, la terre entière
« n'est qu'un point de l'univers, ce qui en
« est habité n'est qu'un coin du monde et,
« dans ce coin-là même, combien auras-tu
« de panégyristes et de quelle valeur ?

« Souviens-toi donc de te retirer, ainsi,
« dans cette petite partie de nous-mêmes.
« Ne te trouble de rien. Ne fais point d'ef-
« forts violents ; mais demeure libre. Re-
« garde toutes choses avec une fermeté

« mâle, en homme, en citoyen, en être
« destiné à mourir. Surtout, quand tu feras,
« dans ton âme, la revue de tes maximes,
« arrête-toi sur ces deux-ci : l'une, que les
« objets ne touchent point notre âme, qu'ils
« se tiennent immobiles hors d'elle, et que
« son trouble ne vient jamais que des opi-
« nions qu'elle se fait au dedans ; l'autre,
« que tout ce que tu vois va changer dans
« un moment et ne sera plus ce qu'il était.
« N'oublie jamais combien il est arrivé déjà
« de révolutions, ou en toi, ou sous tes
« yeux. Le monde n'est que changement, la
« vie n'est qu'opinion (1). »

Lorsque Marc-Aurèle envisage la mort et le néant des choses terrestres, son accent est parfois aussi poignant que celui des plaintes de Job, et sa conclusion est semblable à celle qu'ont tirée, du même spectacle, les moralistes chrétiens.

« Dans un moment, il ne restera plus, de
« toi, que la cendre, des os arides, un nom,
« pas même un nom, qui n'est qu'un peu de
« bruit, un écho. Oui, ce qu'on respecte le
« plus, dans la vie, n'est que vanité, pour-
« riture, petitesse. Ce sont des chiens qui se
« battent, des enfants qui se disputent ; ils

(1) Pages 99-102.

« crient et, le moment d'après, ils pleurent.
« La foi, la justice, la vérité ont quitté la
« terre pour s'envoler au ciel.

« Qu'est-ce qui t'attache ici-bas ? Sont-ce
« les objets sensibles ? Mais ils changent,
« ils n'ont point de solidité. Sont-ce tes
« sens ? Mais ils t'éclairent mal ; ils sont
« sujets à l'erreur. Sont-ce tes esprits vi-
« taux ? Mais ce n'est qu'une vapeur du
« sang. Est-ce de devenir célèbre parmi les
« hommes ? Ce n'est rien... il ne faut jamais
« perdre de vue que toutes choses humaines
« sont passagères et sans consistance. Hier,
« l'homme était un simple germe ; demain,
« ce sera une momie, ou de la cendre.

« Il faut donc passer cet instant de vie
« conformément à notre nature, et nous sou-
« mettre à notre dissolution, avec douceur,
« comme une olive mûre qui, en tombant,
« semble bénir la terre qui l'a portée et
« rendre grâce au bois qui l'avait pro-
« duite (1). »

(1) Pages 270, 283.

CHAPITRE XXIII.

La croyance au vrai bonheur.

Dans les méditations de Marc-Aurèle, se retrouve, sans cesse, la pensée doctrinale que le vrai bonheur de l'homme consiste à suivre les lois supérieures de la Raison divine qui est en lui.

Ce n'est pas que le Stoïcisme nie, à proprement parler, les satisfactions que peuvent donner les sens, l'estime des hommes, la gloire et tous les objets extérieurs, ni la douleur que causent la maladie et les supplices, la perte des siens, l'ignominie, la mort et les autres maux sans nombre qui affligent l'humanité. Mais, les considérant dogmatiquement comme étant dans l'ordre de la Providence et comme n'affectant que la partie inférieure de l'homme, il veut que, par un exercice constant de notre raison, nous arrivions à considérer ces biens et ces maux comme étant tellement au-dessous de nous qu'ils nous deviennent indifférents; il veut que nous n'ayons plus que le sentiment du bien véritable, c'est-à-dire du bien de notre âme, et du mal véritable, c'est-à-dire du mal qui dégrade l'âme et l'écarte du chemin de la perfection morale.

Cette vue du bonheur et du malheur de l'homme est d'autant plus importante, dans le Stoïcisme, que, rejetant l'immortalité personnelle de l'âme, les peines et les récompenses de la vie future dans le domaine de l'hypothèse ou plutôt dans celui des erreurs superstitieuses, le sentiment du bonheur que donne la vertu, et du malheur que cause le vice, est, en définitive, la seule sanction de la morale stoïcienne.

Ce n'est que par la puissance de la méditation que l'homme peut développer ce sentiment et en faire une croyance profonde et pratique, malgré les séductions et les exemples qui tendent, sans cesse, à la détruire. Aussi, dans un grand nombre de ses Pensées, Marc-Aurèle recommande la croyance aux vrais biens et aux vrais maux, et il s'attache à indiquer les moyens de l'affermir et de la fixer dans les âmes.

« L'expérience t'apprend, — dit-il, —
« qu'après avoir parcouru tant d'objets
« divers, tu n'as rencontré nulle part le vrai

« contentement du cœur. Tu ne l'as trouvé,
« ni dans l'étude de l'art de raisonner,
« ni dans les richesses ni dans la gloire,
« ni dans les plaisirs, enfin nulle part.
« Où est-il donc ? Dans la pratique des
« actions que la nature de l'homme de-
« mande. Mais, comment peut-on se
« mettre en état de ne faire que ces actions ?
« En se formant des maximes et des opinions
« propres à n'inspirer que des désirs conve-
« nables. Mais encore, quelles sont ces
« maximes et ces opinions ? Celles qu'on doit
« se faire sur le bien et sur le mal, en
« reconnaissant qu'en effet il n'y a rien de
« bon que ce qui rend l'homme juste, tempé-
« rant, courageux, libre, et rien de mauvais
« que ce qui produit des effets contraires (1).

« Si tu te veux du bien, tu peux, en un
« moment, te procurer les vrais sources de
« ce bonheur que tu désires, et autour
« duquel tu ne fais que tourner. Tu n'as qu'à
« oublier le passé, remettre l'avenir entre
« les mains de la Providence, et ne t'occuper
« que du présent, te diriger vers les objets
« de sainteté et de justice..... Que rien ne
« t'en empêche, ni la méchanceté des autres,

(1) Page 107.

« ni leurs opinions, ni leurs discours, ni
« même ce qu'ils pourraient faire souffrir à
« cette masse de chair que tu nourris autour
« de toi : car c'est elle qui souffre ; c'est son
« affaire (1). »

« Rien n'est plus digne de pitié qu'un
« homme qui passe sa vie à tourner partout,
« et qui fouille, comme l'a dit quelqu'un,
« jusque sous terre, pour découvrir, par
« conjectures, ce que ses voisins ont dans
« l'âme. Il ne sait pas qu'il suffirait, à son
« bonheur, de se tenir auprès du Génie qui
« réside en lui et de le servir comme il doit
« l'être. Ce service consiste à le garantir
« des passions, de toute légèreté et d'impa-
« tience à l'occasion de ce qui vient des
« Dieux et des hommes ; car ce qui vient des
« Dieux est respectable à cause de leur vertu,
« et ce qui vient des hommes, parce qu'ils
« sont nos frères (2). Tiens-toi donc recueilli
« en toi-même. Telle est la nature de la
« raison qu'elle se suffit à elle-même, pourvu
« qu'elle observe la justice. Alors elle jouit
« d'une parfaite sérénité (3). »

L'imagination, guidée par la raison, devant

(1) Pages 226 et 227.
(2) Page 103.
(3) Page 104.

ainsi concentrer toutes ses forces dans la contemplation du vrai bonheur, il importe qu'elle ne s'égare pas à penser aux objets qui pourraient la détourner de cette contemplation. Aussi, doit-elle être soumise à une sévère discipline propre à éloigner, de l'âme, l'inquiétude et la douleur.

« Ne te trouble pas, — dit Marc-Aurèle, —
« en te faisant un tableau de tout le reste de
« ta vie. Garde-toi de te représenter, à la
« fois, le nombre et la grandeur des peines
« que tu auras probablement à souffrir. Mais,
« à mesure qu'il t'arrive quelque chose,
« demande-toi : qu'est-ce qu'il y a là d'in-
« supportable, d'insoutenable ? Car, tu
« rougiras d'en faire l'aveu. Ensuite, rappelle-
« toi cette vérité que ce n'est ni l'avenir, ni
« le passé qui t'incommodent ; c'est toujours
« le présent. Mais, l'objet présent n'est
« presque rien, quand on ne lui donne que
« sa juste étendue, et qu'on demande, à son
« âme, avec reproche, si elle ne peut pas
« porter un si mince fardeau (1).

Ainsi, « n'ajoute rien au premier rapport
« de tes sens. On vient de t'annoncer que
« quelqu'un parle mal de toi ; voilà ce qu'on
« t'annonce, mais on ne dit pas que tu en

(1) Page 122.

« sois blessé. Je vois que mon enfant est
« malade ; oui, mais je ne vois pas qu'il y
« ait du danger. Tiens-toi ainsi ; sur tous
« les objets sensibles, à la première image
« qu'ils te présentent ; n'y ajoute rien de toi-
« même intérieurement, et il n'y aura rien
« de plus (1).

« Ton mal n'est pas dans l'esprit d'un
« autre, ni dans le changement et l'altéra-
« tion de ce qui enveloppe le tien. Où est-il
« donc? Il est dans la partie de toi-même
« qui a jugé les maux. Qu'elle ne juge donc
« plus, et tout ira bien (2). Supprime l'opi-
« nion ; tu supprimes : j'ai été blessé ;
« supprime : j'ai été blessé ; tu supprimes
« la blessure (3). Tout n'est qu'opinion, et
« l'opinion dépend de toi : chasse-la, il t'est
« libre ; et, comme le navigateur qui a doublé
« le cap, tu trouveras un temps serein, de
« la stabilité, un golfe et le calme (4).

« La félicité ou le bien absolu, c'est de
« posséder un bon et droit génie. Que fais-
« tu donc ici, mon imagination? Retire-toi
« donc, au nom des Dieux, comme tu es
« venue selon ton ancienne coutume. Je ne

(1) Pages 111 et 112.
(2) Page 131.
(3) Page 117.
(4) Page 120.

« m'en fache point ; mais, en un mot, va-
« t'en ».

Telle est l'importance de la croyance au vrai bonheur, dans le Stoïcisme, que Marc-Aurèle dénonce comme impie quiconque ne partage pas cette croyance ou n'y conforme pas sa conduite.

« Celui qui recherche les voluptés comme
« un bien, et qui fuit les douleurs comme
« des maux, est impie ; car il est impossible
« qu'un tel homme n'accuse souvent la
« commune Nature d'avoir fait un injuste
« partage aux méchants et aux bons ; puis-
« qu'il arrive souvent que les méchants
« nagent dans les plaisirs et vivent dans
« l'abondance de tout ce qui peut leur en
« procurer, tandis que les bons éprouvent
« la douleur et tous les accidents qui la font
« naître. D'ailleurs, celui qui redoute les
« douleurs craindra une chose que l'ordre
« du monde lui destine un jour : ce qui est
« déjà impie ; et celui qui court, sans cesse,
« après les plaisirs des sens, ne s'en abstien-
« dra pas pour une injustice : ce qui est une
« impiété manifeste. Or, il faut que celui,
« qui veut se conformer à l'ordre de la Nature,
« regarde comme indifférentes toutes les
« choses que la Nature a également faites ;

« car elle ne les auraient pas faites également,
« si elles n'eussent été, à ses yeux, tout à
« fait égales. Tout homme donc, qui ne
« reçoit pas également les plaisirs et les
« peines, la gloire et l'ignominie, choses
« que la Nature envoie, sans distinctions, aux
« bons et aux méchants, est, sans aucun
« doute, impie (1)... Embellis donc ton âme de
« simplicité, de pudeur et d'indifférence pour
« tout ce qui n'est ni vertu ni vice. Aime
« tous les hommes. Marche à la suite de
« Dieu (2). »

Ces dernières pensées, surtout, ne marquent-elles pas, avec une concision et une force particulières, l'un des principaux caractères du Stoïcisme, et notamment du Stoïcisme de Marc-Aurèle : l'union ou plutôt l'entière confusion du bonheur avec la vertu et la piété, par la puissance de la méditation.

(1) Pages 92.
(2) Pages 226 et 227.

LIVRE II.

Comparaison entre le Stoïcisme et le Christianisme.

CHAPITRE PREMIER.

Comparaison entre la morale stoïcienne et la morale chrétienne.

La ressemblance de la morale stoïcienne et de la morale chrétienne est frappante. En lisant les pensées de Marc-Aurèle sur la piété et la résignation aux volontés de la Providence, sur la justice et l'amour du prochain, sur le renoncement aux plaisirs des sens et sur le néant des choses terrestres, ne croirait-on pas entendre la voix des moralistes chrétiens ?

Il y a pourtant, entre ces deux morales, deux différences considérables.

L'une résulte du degré d'importance que

le Christianisme et le Stoïcisme attribuent à la satisfaction que donne l'accomplissement du devoir. On sait, en effet, que, tandis que ce sentiment n'est, pour les Chrétiens, qu'un mobile secondaire, il est porté, par les Stoïciens, à l'état de croyance que la pratique du bien est le seul bonheur de l'homme ; et l'on sait aussi que cette croyance est, par eux, représentée non-seulement comme un encouragement à la vertu, mais comme étant, en elle-même, une vertu fondamentale.

L'autre différence, qui est encore plus notable, c'est que la plupart des préceptes moraux, communs aux Chrétiens et aux Stoïciens, sont poussés dans le Christianisme jusqu'à un point qui dépasse la mesure que le Stoïcisme leur assigne. Cette divergence est surtout saillante, si l'on considère, d'une part, le Stoïcisme de la haute société romaine, tel qu'il apparaît dans les Pensées de Marc-Aurèle aussi bien que dans les écrits de Sénèque, et, d'autre part, la morale chrétienne dans sa pureté native, c'est-à-dire telle qu'elle est enseignée par les Evangiles, les Epîtres, les Actes des Apôtres, telle aussi qu'elle a été et est encore observée, principalement dans le Catholicisme où la tradition primitive est le plus vivante, par les âmes enflammées d'une ardente piété qui sacrifient tout à la perfection de la vie chrétienne.

Ainsi, le renoncement aux biens terrestres consiste, d'après le Stoïcisme, à se passer ou à jouir indifféremment des choses dont la plupart des hommes ne peuvent ni manquer sans tristesse, ni jouir sans excès. « Savoir
« être fort et modéré dans ces deux cas,
« c'est,'—dit Marc-Aurèle, — le propre d'un
« homme parfait et supérieur (1) ».

A ce renoncement tout intérieur du Stoïcisme, la perfection chrétienne associe le renoncement extérieur. Tandis que les Stoïciens jouissaient et même devaient jouir de l'aisance ou des richesses qui leur advenaient, à la condition de le faire avec simplicité et d'être prêts à tout perdre sans regrets (2), les premiers Chrétiens, s'inspirant des plus austères préceptes de l'Evangile (3), abandonnaient leurs biens pour les mettre en commun ou, tout au moins, distri-

(1) Pages 42 et 43.
(2) Page 245.
(3) « Ne possédez ni or, ni argent, ni monnaie dans vos « ceintures ». Ev. St-Mathieu, Chap. 10, vers. 2.

« Le riche entrera difficilement dans le royaume des « cieux. Il est plus facile à un chameau de passer par le « trou d'une aiguille qu'à un riche d'entrer dans le « royaume des cieux. » Ev. St-Mathieu, Chap. XIX, v. 22 et 23.

buaient fraternellement de très abondantes aumônes. De nos jours, la pauvreté volontaire est encore l'un des vœux des moines et des religieuses qui, en ce point comme à d'autres égards, sont les plus logiques observateurs de la doctrine du Christ.

De même, tandis que le Stoïcisme recommande de nourrir le corps, de façon que la vie animale ne soit pas altérée (1), l'Evangile donne en exemple le jeûne absolu de Jésus, pendant quarante jours et quarante nuits ; l'Eglise prescrit le jeûne et l'abstinence, en certains jours ; et les règles monastiques imposent, en outre, des privations plus rigoureuses et parfois poussées à tel point qu'elles peuvent être meurtrières.

« Vois, — dit encore Marc-Aurèle, — ce
« qu'exige ton corps comme ayant des sens,
« et n'en rejette pas les impressions à moins
« qu'elles n'altèrent, en toi, l'âme raison-
« nable (2) ». Le Christianisme ne s'arrête pas à cette mesure. Il astreint ses prêtres à garder le célibat. Les Religieux et les Fidèles les plus pieux martyrisent leur chair ; la haire, la discipline, les veilles prolongées sont

(4) Page 174.
(5) Page 174.

les instruments de leurs supplices volontaires (1).

Le Stoïcisme recommande la contemplation intérieure, mais sans conseiller, à ses disciples, de quitter la situation, que leur naissance ou les circonstances extérieures leur ont faite (2). Le Christianisme honore la vie exclusivement contemplative ; après avoir jeté ses anachorètes dans les solitudes de l'Egypte et de la Palestine, il élève partout les murs des monastères, entre les plus pieux de ses enfants et les vains bruits du monde.

Si Marc-Aurèle enseigne qu'il faut aimer les hommes comme nos frères, secourir les affligés, éclairer et ramener les égarés, il recommande aussi de mettre, dans la pratique de ces vertus, la mesure, la tempérance qui est l'un des principaux caractères de la morale stoïcienne. Il modère la fougue de la charité, en rappelant que les privations, dont souffrent les hommes, ne sont pas un vrai mal (3). Il amortit l'ardeur de la propagande en conseillant de s'arrêter devant la résis-

---

(1) Sur ces divers points, comme sur bien d'autres, le Protestantisme me paraît s'être écarté de l'esprit et des traditions du Christianisme.
(2) Pages 102, 107 et 108.
(3) Page 115.

tance de ceux qu'on tente d'éclairer, et de ne pas oublier « que ceux, qui refusent de « se laisser pénétrer par la lumière, auront « bien voulu s'en priver eux-mêmes (1). »

Au contraire, l'amour chrétien de l'humanité souffrante ou égarée est une passion qui embrase les âmes consacrées au Christ ; rien ne l'arrête ; nous le voyons aujourd'hui, comme on l'a vu autrefois, accomplir, avec une inépuisable fécondité, les œuvres les plus méritoires, surmonter les répugnances de la nature et inspirer les plus admirables dévouements. Aussi, le Christianisme est animé d'un esprit d'expansion qu'aucun obstacle ne rebute ou ne lasse. La parole du Divin Maître « Allez, enseignez toutes les nations » a, en quelques années, couvert l'Empire Romain d'apôtres et de martyrs ; et, depuis lors, elle a répandu, dans le monde entier, des milliers de propagateurs que les fatigues et les outrages, les privations et les tortures même semblent attirer et séduire.

Assurément encore, les Stoïciens honoraient sincèrement le Dieu créateur et les Divinités émanées de sa substance ; Marc-

---

(1) Page 113.

Aurèle notamment les priait avec ferveur.
Mais qu'il y a loin de cette piété à l'amour
divin qui poussait les Chrétiens à confesser
hautement leur foi, au milieu des persécutions, et qui n'a cessé d'inspirer, depuis
lors, tant d'effusions passionnées et de sacrifices accomplis non-seulement avec courage
mais avec délices !

Ces différences entre la conception morale
du Christianisme et celle du Stoïcisme me
paraissent ressortir de la comparaison des
écrits des Stoïciens avec ceux des auteurs
chrétiens, notamment avec les livres du
Nouveau Testament. Elles n'avaient pas
échappé, sans doute, aux philosophes du
premier et du second siècle. Elles ont dû
les frapper d'autant plus vivement qu'alors
la religion chrétienne, éloignée du manie-
ment des affaires publiques, à peu près étrangère à la société élégante, souvent persécutée et toujours suspecte, manifestait, d'une
manière plus saillante, les caractères particuliers de son idéal moral.

Aussi, les Stoïciens regardaient la ferveur
chrétienne comme un acte d'ostentation et
une sorte de délire ou de vertige ; ils la
condamnaient comme contraire à la calme,
décente et sereine possession de soi-même

qui, pour eux, était le signe de la plus haute sagesse. Marc-Aurèle en donne le témoignage, dans le seul passage de ses Pensées où il nomme les Chrétiens, et peut-être aussi dans les passages où, sans les désigner, il recommande la mesure, en toutes choses, et la gravité, sans affectation, de la tenue extérieure, qui doit être le reflet de l'impassibilité de l'âme. « Ne méprise point la mort,
« — dit-il — ... Il est d'un homme sage de
« n'être ni léger, ni emporté, ni fier, ni
« dédaigneux de la mort, mais de l'attendre
« comme une des fonctions de la Nature.
« Attends donc le moment où ton âme éclora
« de son enveloppe, comme tu attends que
« l'enfant dont ta femme est enceinte, vienne
« au monde... Quelle âme que celle qui est
« prête à sortir du corps, dans le moment,
« s'il le faut, soit pour s'éteindre ou se dis-
« siper, soit pour subsister à part! Je dis
« prête par un effort de ses réflexions parti-
« culières; non avec une fougue d'enfants
« perdus, comme les Chrétiens, mais avec
« jugement et gravité, et d'une façon à faire
« passer ses sentiments dans l'âme d'un
« autre, sans faire le héros de théâtre (1). »

(1) Pages 295 et 296.

On peut encore relever d'autres dissemblances entre la morale du Stoïcisme et celle du Christianisme ; mais ce ne sont guère que des nuances qui se rattachent aux deux différences fondamentales que nous avons essayé de faire ressortir.

CHAPITRE II.

Comment les ressemblances et les différences entre la morale du Stoïcisme et celle du Christianisme procèdent de la ressemblance et de la différence de leurs dogmes.

Les ressemblances, qui unissent les deux morales, et les dissemblances, qui les séparent, n'ont rien qui doive surprendre. Elles tiennent aux analogies et aux différences qui existent entre ceux des dogmes du Stoïcisme ou du Christianisme qui touchent, de plus près, à la morale.

CHAPITRE III.

L'Ame Universelle et Dieu.

Comme l'Ame Universelle honorée par le Stoïcisme, le Dieu, adoré par les Chrétiens, est unique, sage, juste, bon, infiniment parfait. Comme elle, il est distinct des objets matériels, et, dans sa providence, il embrasse toutes choses.

Ses manifestations, ainsi que celles de l'Ame Universelle, sont des personnes. Mais, on sait qu'au lieu d'être multipliées à l'infini et inégales entre elles suivant leur genre, les personnes divines sont, dans le Christianisme, limitées à trois, égales entre elles et coexistant de toute éternité : le Père, le Fils et le Saint-Esprit.

De même que l'Ame du Monde, le Père est créateur, et, comme elle, il crée librement, par une effusion de son amour et pour le plus grand bien de ce qui est. Mais, sa puissance créatrice n'est pas bornée à une sorte de manipulation d'une matière éternelle. C'est du néant qu'il a tiré toutes choses visibles et invisibles, corporelles ou spirituelles, rien n'existant de toute éternité que Dieu et sa Sainte-Trinité.

De même aussi que l'Ame Universelle est la lumière du genre humain, le Fils, né du Père avant les siècles des siècles, est le Verbe ou la Raison Divine qui éclaire tout homme venant en ce monnde. Mais, de plus, par son incarnation, sa vie terrestre et sa passion, il est le rédempteur de l'humanité coupable ; par sa présence mystique, il soutient, console et encourage les Fidèles de son Eglise, il est le juge des hommes après leur mort.

Enfin, le Saint-Esprit, procédant du Père et du Fils, est, aussi comme l'Ame Universelle, l'amour divin et l'intelligence divine. C'est de lui qu'a été conçu le Verbe fait chair et, après avoir inspiré les prophètes d'Israël, c'est lui qui inspire l'Eglise du Christ.

Le monothéisme trinitaire du Christianisme se rapproche ainsi du polytéisme monosubstantiel des Stoïciens, ou plutôt de ce que je me hasarderai à appeler leur monothéisme polyforme, notamment par la communauté de croyance en un Dieu créateur et providence, souverainement juste et bon, infiniment parfait. Mais, il en diffère, notamment aussi, en ce que le Dieu des Stoïciens est impassible, tandis que, par l'incarnation de la seconde personne de la Trinité Divine, par ses souffrances et sa mort ignominieuse pendant son passage sur la terre, le Dieu des Chrétiens a donné, à l'humanité, le témoignage de son amour, non-seulement en la créant et en la protégeant, mais encore en se soumettant volontairement, pour elle, à la douleur, à l'opprobre et au supplice.

La communauté de la croyance en un Dieu unique et créateur explique le caractère commun de la piété des Stoïciens et de celle des Chrétiens, de même que la croyance particulière des Chrétiens à l'incarnation et à la rédemption, par le sacrifice de la croix, explique la ferveur particulière de la piété et de la charité chrétiennes. Imiter l'Ame Universelle, c'était demeurer impassiblement juste et bon ; imiter Jésus-Christ, c'est pousser le sacrifice, pour l'amour de Dieu et des hommes, jusqu'au point le plus extrême que puisse concevoir l'intelligence humaine.

CHAPITRE IV.

Les Dieux créés; les Anges et les Saints.

L'un des principaux aliments de la piété stoïcienne était la multiplicité des Dieux et la spécialité de leurs attributions. Se sentant environnés de toutes parts, par ces Etres divins associés à toutes les formes extérieures, les Stoïciens étaient, sans cesse, incités à leur adresser des prières, à leur offrir des sacrifices, à voir, dans les phénomènes ordinaires et surtout dans les extraordinaires, un effet naturel ou surnaturel de leur intervention. Un aliment analogue ne manque pas à la piété chrétienne.

On sait, en effet, que dans le Christianisme, les créatures tirées du néant sont hiérarchisées, comme le sont, dans le Stoïcisme, les créatures émanées de la substance divine; et l'on sait aussi qu'au premier rang de la hiérarchie des créatures chrétiennes, se trouvent les Anges, purs esprits, les uns peccables, les autres préservés du danger de commettre des fautes, reflétant, dans une mesure variable et autant qu'il est permis à des êtres finis, les infinies perfections de l'Etre incréé. Ministres de la Providence divine, ils sont les exécuteurs de sa volonté ; ils veillent sur les créatures qui leur sont inférieures ; et chaque homme a, auprès de lui, un de ces esprits célestes dont la mission est de l'éclairer, de le guider, de le garder des périls et de la tentation.

On sait aussi qu'à côté des Anges, sont les Saints qui, après avoir passé leur existence terrestre dans la pratique des plus hautes et des plus austères vertus, ou après l'avoir sacrifiée en témoignage de leur foi chrétienne, sont entrés dans la gloire de la vie éternelle. Comme les Divinités Poliades, ils sont les protecteurs des Empires et des Cités ; comme plusieurs des autres Dieux du paganisme, ils donnent leur assistance à des corporations ou à des fidèles qui leur vouent un culte particulier ; ils interviennent dans les occasions où ils se sont fait, en quelque sorte, la spécialité de prêter aide et assistance à qui les invoque.

La fonction des Dieux créés du Stoïcisme et celle des Anges et des Saints du Christianisme sont donc à peu près semblables.

Entre elles, il n'y a que cette différence, en somme assez légère, c'est que les Dieux créés exercent leur action de leur propre mouvement, quoique en se conformant aux desseins de la Providence Universelle, tandis que les Anges et les Saints n'agissent que par voie d'intercession auprès du Dieu unique et des personnes de sa Sainte-Trinité ou comme exécuteurs de leurs ordres.

Mais, si la piété chrétienne et la piété stoïcienne sont à peu près également excitées par la multiplicité des Puissances supérieures à l'homme et par leur intervention continuelle dans le gouvernement des choses humaines, celle des Chrétiens trouve, dans le culte des Saints, un stimulant plus énergiques (1). Quelles que soient la bonté et la vigilance attribuées aux Dieux créés, quel que soit l'amour de l'humanité dont le Stoïcisme les réputait animés, ces Dieux ne touchaient les hommes que par leur protection, leur existence étant et ayant toujours été bien différente de la leur. Les Saints, au contraire, ont subi toutes les épreuves et toutes les misères de ceux qui les invoquent;

---

(1) L'abandon du culte des Saints me parait être un des points principaux où le Protestantisme s'est écarté de l'esprit et des traditions du Christianisme.

comme eux, ils ont lutté contre les passions; parfois ils ont eu à expier des erreurs, des faiblesses et même des crimes. Le Chrétien sent qu'ils lui seront compatissants, parce qu'ils ont souffert les mêmes maux et les mêmes tentations. Si le temps efface ou obscurcit le souvenir des Saints dont l'existence terrestre remonte à des époques reculées, d'autres viennent de quitter ce monde, ayant vécu de la même vie que ceux qui les implorent. Ce ne sont pas seulement des protecteurs célestes; ce sont des amis vénérés.

CHAPITRE V.

L'origine de l'homme d'après le Stoïcisme et d'après le Christianisme.

Suivant le Christianisme, comme selon le Stoïcisme, l'humanité doit son origine à la bonté divine ; d'après l'un et l'autre dogme, nous sommes tous les fils d'un même père. C'est pourquoi l'une et l'autre morale enseignent que les hommes doivent honorer Dieu avec un amour filial et s'aimer entre eux, d'une fraternelle affection. Si ces sentiments sont plus intenses et plus expansifs dans le Christianisme que dans le Stoïcisme, c'est que la notion chrétienne de la Divinité est plus propre à embraser les âmes.

Toutefois, les dogmes des Chrétiens relatifs à l'origine de l'humanité diffèrent de ceux des Stoïciens, en ce que, tandis que, suivant le Stoïcisme, l'Ame Universelle a formé l'homme par voie d'émanation de sa propre substance et de modification plastique de la Matière éternelle, Dieu, selon le Christianisme, a tiré, du limon de la terre, le premier homme, et, de celui-ci, la première femme, qui ont été les premiers parents du genre humain. De là résulte, dans le Christianisme, un plus profond sentiment d'humilité devant le Créateur.

Mais, suivant les deux morales, l'homme doit également se respecter lui-même, parce que les deux dogmes lui attribuent, dans l'ordre de la création, une dignité équivalente. Si, en effet, l'homme n'a pas, d'après la doctrine chrétienne, l'insigne honneur d'être composé d'une âme faisant partie de l'essence divine, il a celui d'avoir été formé à l'image de Dieu, d'être éclairé par la lumière du Verbe, et d'avoir été racheté par son incarnation, par les souffrances et la mort de Jésus-Christ. Les Fidèles ajoutent, à ces prérogatives communes à toute l'humanité, le privilège d'être plus intimement pénétrés de la grâce divine, en vertu des Sacrements. Pour eux, Jésus-Christ descend, sur l'autel, sous les espèces du pain et du vin; en se nourrissant de la chair et du sang eucharistiques, ils deviennent le temple vivant du Dieu qui vit en eux.

CHAPITRE VI.

L'origine du mal physique et moral d'après le Stoïcisme et d'après le Christianisme.

Les deux doctrines diffèrent profondément sur l'origine du mal physique et moral qui afflige l'humanité.

Ce mal n'est pas, en effet, d'après le Christianisme, une conséquence de l'ordre établi par la Providence. Dieu, au contraire, avait créé nos premiers parents innocents, heureux, exempts des maladies et de la mort ; il les avait, en même temps, doués du libre arbitre qui, en leur conférant la faculté de mériter des récompenses par leurs vertus, les exposait à encourir une juste punition, s'ils cédaient, de leur plein gré, à la tentation de transgresser les commandements, d'ailleurs d'une exécution facile, qui leur avaient été donnés par le Créateur. Pour les avoir enfreints, Adam et Eve ont perdu le bonheur avec l'innocence primitive;

ils ont été soumis à la souffrance et à la mort ; leur raison et leur sens moral ayant été obscurcis, ils sont devenus incapables de faire le bien sans une assistance spéciale de la grâce divine.

Dieu ayant établi la loi d'hérédité en vertu de laquelle les enfants suivent la condition de leurs parents, le genre humain, qui devait naître d'Adam et d'Eve, était appelé, comme eux, à jouir d'une éternelle félicité ; en vertu de cette même loi, il subit les douloureuses conséquences du premier péché. Ainsi l'homme et tout le bien qui est sur la terre, tirent leur origine de Dieu ; le mal terrestre tire, au contraire, son origine de l'homme.

Quelles que soient les éloquentes exhortations de Marc-Aurèle à accepter avec résignation et amour, les maux qui nous frappent, comme étant l'œuvre mystérieuse de la justice et de la bonté de la Providence, il faut convenir que le dogme chrétien est plus propre à empêcher les hommes d'accuser le Ciel des infirmités et des douleurs inhérentes à la condition humaine. Les Fidèles du Christ sont d'autant plus portés à la résignation que le péché originel, cause de leurs maux, a été l'occasion de la plus grande manifestation de l'infinie bonté de Dieu, le rachat de l'humanité coupable par l'incarnation du Verbe et le sacrifice de la Croix, et que devant eux sont ouvertes les béatitudes de la vie éternelle.

CHAPITRE VII.

La vie future.

La croyance à la vie future, aux peines et aux récompenses d'outre-tombe, si profonde dans le Christianisme dont elle pénètre intimement toute la doctrine métaphysique et morale, est peut-être celle qui sépare le plus le dogme des Chrétiens de celui des Stoïciens.

On sait que, suivant la foi chrétienne, après les épreuves de la vie terrestre et la suprême épreuve de la mort, tous les hommes vivront d'une nouvelle et immortelle vie. Ceux qui auront observé la loi de Dieu jouiront, dans le royaume céleste, d'un éternel bonheur; ceux, au contraire, qui l'auront enfreinte et seront morts dans l'impénitence finale, subiront des peines proportionnées à leurs fautes ou à leurs crimes.

Il est clair que cette immortalité, conservant à l'homme la conscience de son être et le souvenir de sa vie terrestre, est bien différente de l'immortalité impersonnelle du Stoïcisme, où l'âme raisonnable des hommes revient se confondre avec l'Ame Universelle et se perdre en elle, où l'âme sensitive s'évapore, où la matière humaine est, pour jamais, dissoute en atômes qui seront indéfiniment modelés en de nouvelles formes.

Elle diffère aussi de l'immortalité conçue et enseignée, avec plus ou moins de réticences, par l'Ecole Platonicienne. On sait que, d'après cette Ecole, l'homme est composé d'une âme consciente et d'un corps inconscient. Le corps meurt et se dissout pour toujours. L'âme, au contraire, est immortelle ; débarrassée des liens de son enveloppe terrestre, elle subit la peine de ses démérites ou reçoit la récompense de ses vertus.

D'après le Christianisme aussi, l'homme est composé de deux éléments : l'âme, qui réunit l'intelligence et l'amour, et le corps, qui réunit les instincts et la matière. Mais l'immortalité est promise à ces deux éléments ; l'homme revit tout entier dans la béatitude ou dans la souffrance.

A cet égard, le dogme chrétien est uniforme ; il se partage toutefois en deux doctrines, au sujet du moment où commencent, après la mort, l'état de félicité ou de douleurs éternelles et surtout la participation du corps à l'un ou l'autre état.

Suivant la doctrine qui semble avoir été généralement enseignée dans les premiers temps de l'Eglise, après la mort, les hommes reposent dans les enfers (1); l'âme sommeille en attendant le jour du jugement; le corps se purifie en se dissolvant, pour se relever, en ce même jour, incorruptible et immortel. C'est alors que tous les hommes ressusciteront, ceux-ci pour souffrir la peine de leurs propres fautes, ceux-là pour être changés en hommes célestes, suivant le prototype de Jésus-Christ, et entrer, à son appel, dans la félicité et la gloire éternelles.

« Quand le Fils de l'homme viendra dans
« sa majesté, et tous ses Anges avec lui,
« — dit l'Evangile de Saint Mathieu, — il
« s'assoira sur le trône de sa gloire. Et toutes
« les nations seront assemblées devant lui;
« et il séparera les brebis d'avec les boucs;
« et il aura soin de placer les brebis à sa
« droite et les boucs à sa gauche. Alors le
« Roi dira à ceux qui seront à sa droite :
« Venez, les bénis de mon père; possédez le

---

(1) Christus « descendit ad inferos ». Symb. Ap.

« royaume qui vous a été préparé dès l'éta-
« blissement du monde ; car, j'ai eu faim, et
« vous m'avez donné à manger ; j'ai eu soif,
« et vous m'avez donné à boire ; j'étais étran-
« ger et vous m'avez recueilli ; j'étais nu, et
« vous m'avez vêtu ; j'étais malade, et vous
« m'avez visité ; j'étais en prison, et vous
« êtes venu à moi..... Autant vous l'avez fait
« à l'un de ces plus petits d'entre vos frères,
« c'est à moi que vous l'avez fait. Mais, en
« même temps, il dira à ceux qui seront à sa
« gauche : Retirez-vous de moi, maudits ;
« allez dans le feu éternel, qui a été préparé
« pour le Diable et pour ses anges..... Et ils
« iront, ceux-ci, dans le supplice éternel ;
« mais les justes dans la vie éternelle (1). »

« En un moment, en un clin d'œil, —
« dit aussi Saint Paul, — au son de la trom-
« pette (car la trompette sonnera), les morts
« ressusciteront incorruptibles ; et nous,
« nous serons changés. Car, il faut que ce
« corps corruptible revête l'immortalité (2)
« .....Le corps est semé dans la corruption ;
« il ressuscitera dans la force. Il est semé
« corps animal ; il ressuscitera corps spiri-

(1) Evang. St Mathieu, chap. 25, vers. 31 et suiv.
(2) 1re Ep. St Paul aux Corinthiens, ch. 15, vers. 52 et 53.

« tuel. Comme il y a un corps animal, il y a
« aussi un corps spirituel selon qu'il est
« écrit : Le premier Adam a été fait âme
« vivante; le dernier Adam, esprit vivifiant...
« Le premier homme, formé de la terre, ter-
« restre; le second homme venu du ciel,
« céleste. Tel l'homme terrestre, tels aussi
« sont les hommes terrestres; et tel l'homme
« céleste, tels aussi les hommes célestes (1)
« ..... Nous devons tous comparaître devant
« le tribunal du Christ, afin que chacun
« reçoive le salaire de ce qu'il a fait, étant
« dans son corps, soit de bien, soit de
« mal (2). »

Selon l'autre doctrine, qui paraît être moins ancienne, mais qui semble avoir acquis un crédit croissant au fur et à mesure que s'écoulaient les échéances successives assignées au jour du jugement, et être devenue dominante depuis plusieurs siècles, l'âme, après la mort, ne demeure pas inerte et impassible jusqu'à la renaissance du corps spiritualisé et jusqu'au moment de son association avec lui. D'après cette doctrine, comme suivant celle de l'Ecole Platonicienne,

---

(1) 1re Ep. St Paul aux Corinthiens, chap. 15, vers. 42 à 48.

(2) 2e Ep. St Paul aux Corinthiens, chap. 15, vers. 10.

l'âme, même isolée du corps est susceptible d'éprouver la joie et la douleur. Dès qu'elle est séparée de son enveloppe mortelle, elle subit, devant Dieu, un jugement particulier qui fixe sa destinée éternelle, ainsi que celle du corps. Celui-ci viendra partager son sort, lors de la résurrection, qui se trouve être ainsi plutôt la résurrection des corps que celle des morts, et après le jugement prédit par les apôtres, qui, de la sorte, n'est plus que la confirmation solennelle des sentences individuelles antérieurement prononcées.

Quelle que soit celle de ces deux formes doctrinales que prenne, dans l'esprit des Fidèles, le dogme des peines et des récompenses de la vie future, cette croyance n'en est pas moins l'un des plus puissants mobiles, sinon le plus puissant, de tous ceux qui peuvent porter l'homme à la piété et à la pratique de la vertu. Non-seulement, en effet, elle donne satisfaction au sentiment intime de justice froissé par le spectacle du vice triomphant et de la vertu malheureuse ou persécutée, mais, unissant l'intérêt personnel aux sentiments les plus désintéressés, elle agit, par tous les côtés, sur la volonté humaine. Entre les divers dogmes qui poussent les Chrétiens à une charité plus ardente que celle des Stoïciens, à un renoncement plus absolu aux biens terrestres, à un détachement de la vie allant jusqu'au mépris et parfois jusqu'à la recherche de la mort, l'espoir de la vie éternelle dans le royaume céleste me paraît tenir le premier rang. Il se concilie, d'ailleurs, avec le sentiment du bonheur, que donne, en ce monde, la conscience du devoir accompli; en sorte que le Christianisme ajoute à la récompense céleste la récompense terrestre que le Stoïcisme promet à la vertu.

CHAPITRE VIII.

La Loi divine.

Les dogmes chrétiens relatifs à l'origine et à la nature de la Loi de Dieu, dont l'observance doit procurer aux hommes le salut éternel, diffèrent ou se rapprochent, suivant les côtés, de la doctrine stoïcienne sur la Loi divine à laquelle l'homme doit conformer sa pensée et sa vie.

L'une des principales différences entre les deux dogmes, c'est que, tandis que, suivant le Stoïcisme, une seule loi divine régit toute l'humanité, Dieu, d'après le Christianisme, a édicté trois lois distinctes ou plutôt superposées, correspondantes à trois classes entre lesquelles est partagé le genre humain.

On sait que ces trois lois, suivant l'ordre ascendant de leur perfection et l'ordre chronologique de leur apparition sur la terre, sont la Loi Naturelle, l'Ancienne Loi, la Nouvelle Loi. Les trois classes correspondantes de l'humanité comprennent : la première, les gentils qui n'ont point la Loi (1), c'est-à-dire les hommes qui, avant l'avènement du Christ, appartenaient à des nations autres que le peuple Israélite, ou qui, ayant vécu ou vivant depuis cet avènement, ignorent la religion du Christ; la seconde, les Israélites jusqu'au même avènement; la troisième, les Chrétiens et les hommes qui, sans être chrétiens, connaissent la religion chrétienne.

La loi naturelle est, suivant le Christianisme, écrite dans la conscience de tous les hommes quels qu'ils soient. Elle leur enseigne l'existence du Dieu unique et immatériel, qu'il est de leur devoir d'adorer, et la notion du bien et du mal moral, qu'il est de leur devoir de pratiquer ou d'éviter. L'exécution de cette loi, sans autre observance, procure, à la première classe de l'humanité, le bonheur éternel. « Lorsque les Gentils qui n'ont
« point la Loi, — dit Saint Paul, — font
« naturellement ce qui est de la Loi, n'ayant
« point cette Loi, ils sont eux-mêmes la Loi
« ..... Aussi, gloire, honneur et paix à tout
« homme qui fait le bien..... car Dieu ne fait
« acception de personne (2). »

(1) Ep. St Paul aux Romains, chap. 2, vers. 14.
(2) Ep. St Paul aux Romains, chap. 2, vers. 14 et 11.

On voit que, si la doctrine de l'Eglise diffère de celle du Stoïcisme par ses réserves relatives aux Israélites et aux Chrétiens ou aux Gentils connaissant le Christianisme, elle s'en rapproche très notablement, le Stoïcisme enseignant, comme le Christianisme, que les hommes ont la connaissance du Dieu unique et immatériel et celle du bien et du mal moral. Seulement, tandis que, d'après les Stoïciens, ces connaissances proviennent de la nature divine de la raison humaine, elles résultent, suivant les Chrétiens, de ce que, malgré les nuages dans lesquels flotte l'intelligence humaine depuis le péché originel, le Verbe de Dieu illumine tout homme venant en ce monde (1), et de ce que l'être invisible de Dieu se manifeste par les choses visibles qui sont son ouvrage (2).

Par leur objet, l'Ancienne et la Nouvelle Loi se rattachent à la Loi Naturelle enseignée par le Stoïcisme comme par le Christianisme. Le peuple d'Israël ayant été choisi par Dieu, pour conserver le vrai culte et pour être la souche de laquelle devait naître le Messie promis après le péché originel, c'est afin de

(1) Ev. St-Jean, chapitre 1er, vers. 9.
(2) Ep. St-Paul aux Romains, chap. 1er, vers. 20.

le préserver de l'idolatrie et des vices, auxquels il était sans cesse sollicité par l'exemple de nations voisines, que l'Ancienne Loi lui a été donnée. Ses règles spéciales et souvent minutieuses, appropriées au caractère particulier des Israélites, aux circonstances de temps et de milieu, n'avaient pour but que de maintenir la notion de la Loi Naturelle et d'en assurer l'observance. De même, après l'avènement du Messie, la Nouvelle Loi, écartant les formes transitoires désormais sans objet et appelant toute l'humanité à jouir de ses bienfaits, a conservé les enseignements dogmatiques et moraux de l'Ancienne Loi et de la Loi Naturelle.

Aussi, au dogme de l'existence de Dieu, unique et immatériel, et de sa providence, gravé à la fois dans la raison humaine et dans le Décalogue, à ceux de la création, de la chute originelle et de la promesse de la rédemption, la Nouvelle Loi ajoute, par voie de complément, la connaissance des trois personnes de la Sainte-Trinité, celle de l'accomplissement de la promesse et celle des autres dogmes propres à la Foi Chrétienne.

De même, les préceptes moraux de la Loi Naturelle et de l'Ancienne Loi sont complétés par ceux de l'Evangile. « Ne croyez pas que

« je sois venu pour abolir la Loi ou les
« Prophètes, — dit Jésus, dans le Sermon
« sur la montagne ; — je ne suis pas venu
« pour les abolir, mais pour les accomplir...
« Car, je vous déclare que, si votre justice
« ne surpasse celle des Scribes et des Pha-
« risiens, vous n'entrerez point dans le
« royaume du Ciel (1) ». Chacun se rappelle
en quels admirables préceptes Jésus déve-
loppe ces pensées et comment il conclut en
prescrivant, à ses disciples, de pousser, jusqu'à sa perfection, l'accomplissement du
devoir moral. « Soyez donc parfaits, — leur
« dit-il, — comme votre Père, qui est dans
« le ciel, est parfait (2) ».

Mais, si l'Ancienne Loi et la Nouvelle se
lient à la Loi Naturelle qu'elles ont pour
objet de maintenir et d'accomplir, elles en
diffèrent essentiellement par leur origine ;
car, tandis que la Loi Naturelle vient de la
révélation intérieure, l'Ancienne Loi et la
Nouvelle proviennent de la révélation extérieure, surnaturelle, miraculeuse.

Dans l'Ancien Testament, c'est par des
signes sensibles que Dieu parle et commande
à son peuple ; il donne, à Moïse, le déca-

(1) Ev. St-Mathieu, chap. 5, vers. 17 et suiv.
(2) Ev. St-Mathieu, chap. 5, vers. 17 et suiv.

logue ; il châtie ou récompense, en suspendant le cours ordinaire des lois de la nature ; il inspire surnaturellement les exhortations, les anathèmes et les prédications des prophètes.

De même, Jésus enseignait, non comme un philosophe qui conseille ou s'efforce de réveiller les consciences engourdies, mais comme un maître ayant autorité et parlant au nom de Dieu (1) ; et, pour preuve de sa divine mission, il faisait les miracles dont les Evangiles rendent témoignage. De même, les Apôtres ont enseigné et, de nos jours, l'Eglise enseigne par voie de révélation surnaturelle. De même aussi, les Actes des Apôtres et les ouvrages des premiers Apologistes sont remplis de récits de prodiges attestant la vérité de la religion chrétienne ; et bien des faits postérieurs, même contemporains, montrent combien la croyance aux inspirations et aux manifestations surnaturelles est restée vivante dans les âmes chrétiennes.

Par ce côté, le Christianisme diffère profondément du Stoïcisme. Sans doute, Marc-Aurèle et ceux des Stoïciens, qui s'éloignaient

---

(3) Ev. St-Mathieu, chap. 6, vers. 9.

le plus de l'Epicurisme ou du scepticisme religieux, croyaient aussi aux révélations extérieures et aux grâces spéciales de la Providence, qu'ils pensaient être manifestées par les songes, les apparitions et les oracles. Mais, les révélations et les prodiges étaient loin d'avoir, dans le Stoïcisme, la même importance que dans le Christianisme. S'ils excitaient la piété des Stoïciens et fortifiaient leur foi à l'existence et à la providence du Dieu créateur et des Dieux créés, ils étaient à peu près sans influence sur leurs dogmes et sur leurs maximes morales, les uns et les autres étant exclusivement tirés des notions intérieures de la raison.

C'est la prédominance de la révélation extérieure, dans le dogme chrétien, qui a donné, à la discipline morale du Christianisme, le caractère précis qui la distingue.

De ce que des philosophes s'entendent pour reconnaître que la voix de la conscience est inspirée par la Divinité, ou que la raison humaine est une émanation de la raison divine, il ne s'en suit pas qu'ils s'accordent exactement sur les préceptes que dictent la conscience ou la raison. L'accord ne saurait exister ou se maintenir, sur ces préceptes, que si ceux-ci sont assez généraux et parfois assez vagues pour qu'une carrière suffisamment large soit laissée aux appréciations individuelles. Aussi, si exactes que fussent les formules de la morale stoïcienne, le Stoïcisme n'a pas porté ces préceptes au-delà d'un degré limité de précision.

Au contraire, la révélation extérieure étant reconnue comme règle de conduite, quelles que soient ses prescriptions, elles s'imposent à la conscience avec une égale autorité. Du moment que la parole divine a ordonné, l'homme n'a logiquement qu'à obéir en adorant ; ce serait, de sa part, un acte de présomptueuse folie que de prétendre distinguer entre ces commandements. C'est pourquoi les enseignements des Evangiles donnent, à la morale chrétienne, une précision supérieure ; et, dans le Catholicisme particulièrement où la révélation extérieure continue à se manifester par les décisions des Conciles et du Vicaire de Jésus-Christ, cette précision atteint un degré qui semble ne pouvoir être que difficilement dépassé. Les préceptes sont formulés avec une méthode qui ne néglige rien ; les actes et les pensées, les plaisirs licites et les mortifications, les mérites et les fautes sont réglementés, mesurés et pesés, avec un soin qui semble aller parfois jusqu'à la minutie. Rien de ce que l'Eglise prescrit n'est indifférent ; car toute infraction à ses décrets est coupable, comme étant une désobéissance à la Loi de Dieu.

La croyance profonde et pratique à la révélation extérieure et à l'assistance surnaturelle de la Divinité, dont cette révélation est l'éclatant témoignage, a aussi contribué, pour une très grande part, à donner au Christianisme, pour la défense et l'attaque, une vigueur supérieure à celle du Stoïcisme, et à imprimer, aux vertus chrétiennes, un merveilleux élan. Mais, par l'emportement de la nature humaine, n'a-t-elle pas eu aussi pour effet de développer l'esprit d'intolérance et de projeter ainsi, sur l'histoire du Christianisme, une ombre que ne peut effacer le rayonnement de ses bienfaits ?

Certes, il semble que le Christianisme ait été et soit encore sollicité à la tolérance, par tout ce qu'il a souffert et ce qu'il souffre encore. Son divin fondateur n'a-t-il pas été sacrifié à l'orthodoxie des Princes des Prêtres et des Pharisiens ? Pendant les premiers siècles de l'Eglise, ses disciples n'ont-ils pas subi de cruelles persécutions que la liberté de conscience leur aurait épargnées? A une époque rapprochée, les échafauds n'ont-ils pas été rougis du sang de ses prêtres et de ses fidèles, victimes des passions révolutionnaires et du fanatisme philosophique? De nos jours même, dans l'Extrême-Orient, ses missionnaires ne sont-ils pas trop souvent poursuivis ou martyrisés, au nom des édits qui interdisent l'exercice de la religion chrétienne? Pourtant, on ne peut méconnaître que le Christianisme ait été intolérant, et qu'encore aujourd'hui, il ne soit porté à l'être. On sait les mesures oppressives prises contre les derniers sectateurs du Paganisme, dès le moment où le Christianisme est devenu la religion officielle de l'Empire romain, les querelles sanglantes des Églises rivales s'accusant réciproquement d'hérésie, les conversions opérées par la force des armes, les massacres de tribus germaines et de peuples du Nouveau-Monde détruits pour ne s'être pas soumis au culte de leurs vainqueurs, les supplices dans lesquels de trop nombreuses victimes ont été immolées pour n'avoir pas consenti à adhérer aux dogmes de leurs juges, les emprisonnements, les proscriptions, les incapacités politiques et civiles qui ont été prononcés, dans presque tous les États chrétiens, catholiques ou protestants, pour défendre la pureté de leur foi. Même aujourd'hui, où le Catholicisme est assurément plus exposé à être molesté, sinon persécuté, qu'il n'est en situation d'être persécuteur, le Saint-Siège, fidèle gardien des traditions, répugne à reconnaître la liberté de conscience, et, sous forme de revendication des droits de la vérité, il maintient, en somme, l'intolérance doctrinale.

C'est que l'intolérance découle naturellement de la conviction que Dieu a annoncé et enseigne encore, aux hommes, la vérité religieuse, et que le vice ou la mauvaise foi peuvent seuls méconnaître les divins enseignements, surtout quand l'âme en a été pénétrée et en a ressenti la douceur et les bienfaits. C'est que l'intolérance semble être un devoir de conscience, tout Chrétien étant tenu de propager le bien et d'empêcher l'esprit du mal de surprendre les âmes que leur simplicité peut exposer, sans défense, à ses séductions et à ses embuches. Elle se rattache ainsi au fond même du Christianisme.

Le Stoïcisme, au contraire, n'était pas, par ses doctrines, poussé vers l'intolérance. Ne tenant pas, de la révélation extérieure, une loi précise, comme celle du Christianisme, il était plus disposé à comprendre ou même à admettre les divergences que font naître le discernement ou l'interprétation des principes ou des préceptes indiqués par la raison. Ne croyant pas au sacrifice de la Victime divine, il n'était pas exposé à être emporté jusqu'à la violence, par le spectacle de l'ingratitude des hommes envers le Dieu qui s'est dévoué pour leur salut. Le dédain des mouvements excessifs et la recherche de l'égalité impassible de l'âme le préservaient des ardeurs excessives du prosélytisme ; elles lui inspiraient une condescendance parfois hautaine pour les erreurs et les passions dont il s'honorait d'être affranchi. La tempérance le portait à tolérer, en l'atténuant, l'intolérance elle-même.

Aussi, alors que, sous les Antonins, les Stoïciens exerçaient une influence considérable et souvent prépondérante, n'ont-ils pas cherché à anéantir les croyances philosophiques, même les plus opposées aux leurs, par des incapacités civiles et politiques ou par des violences légales, comme l'ont fait, au moyen-âge et encore dans les temps modernes, les diverses Eglises chrétiennes, âpres à user de la puissance séculière pour étouffer les doctrines dissidentes, même les moins éloignées de leur orthodoxie. Ils n'avaient pas provoqué les édits qui punissaient de mort l'exercice de la religion chrétienne ; mais, sans en réclamer l'exécution rigoureuse, ils les ont laissé subsister et trop souvent appliquer. Marc-Aurèle établit des peines contre les accusateurs des chrétiens ; mais, sous son règne, l'Eglise a compté des martyrs, victimes de la condescendance du Stoïcisme pour le fanatisme païen.

Le Procureur romain Pilate, accordant, aux clameurs des Juifs, le supplice de Jésus, après avoir proposé sa libération et s'être déclaré net du sang du Juste, n'est-il pas le prototype des magistrats stoïciens qui, au temps des Antonins, ont empêché les persécutions générales, tout en concourant à des condamnations individuelles, avec la sérénité de leur conscience qu'ils croyaient dégager par un blâme intérieur ou par une protestation inefficace ?

LIVRE III

De l'échec du Stoïcisme et de son influence après sa chûte.

CHAPITRE PREMIER.

Des principales causes métaphysiques et morales qui ont déterminé le triomphe du Christianisme sur le Stoïcisme.

Il semble extraordinaire qu'au temps même où le Stoïcisme était le plus en faveur, il ait pu être efficacement miné par le Christianisme alors confiné dans quelques obscures réunions de gens pauvres et illettrés, souvent persécutés plutôt par mépris que par crainte ou colère, et que, vers la fin du second siècle, la Religion chrétienne fut déjà en état de soutenir contre le Stoïcisme allié aux autres écoles philosophiques et aux vieilles religions nationales des peuples méditerranéens, une lutte ouverte terminée par un triomphe éclatant.

On comprend que la Foi, plus convaincue que perspicace, ait pieusement regardé ce succès comme un effet de l'intervention miraculeuse de Dieu. Mais, à mieux considérer les choses, on doit reconnaître qu'il provient de causes où l'action de la Providence ne se manifeste pas autrement qu'elle ne le fait dans le cours ordinaire de l'histoire de l'humanité, et qu'il tient notamment à ce que, dès son humble naissance, le Christianisme avait reçu, de son dogme et de sa morale, une force bien supérieure à celle du Stoïcisme parvenu au faîte de son crédit.

CHAPITRE II.

Influence du dogme de la résurrection sur la propagation du Christianisme.

Le dogme de la vie future répondait aux sentiments les plus profonds des peuples réunis sous la puissance romaine. Remontant aux âges les plus reculés des antiques religions de l'Egypte, de la Grèce et de l'Italie, étroitement lié aux cultes domestiques, civiques et nationaux, célébré dans les poëmes les plus populaires, enseigné, avec une entraînante éloquence, par les Ecoles de Pythagore et de Platon, il était resté vivace, malgré les arguments et les railleries de l'Epicurisme.

En rejetant les peines et les récompenses d'outre tombe, en n'attribuant aux âmes des morts qu'une existence temporaire, en excluant, de cette survivance limitée, la plupart d'entre elles, pour la réserver aux seules âmes des sages, et finalement en niant la réalité de la vie future personnelle, le Stoïcisme heurtait les plus morales et les plus consolantes croyances du Paganisme. Il froissait surtout les opprimés, les pauvres, les misérables, tous ceux qui, victimes de l'injustice des hommes ou des caprices de la Fortune, trouvaient quelques soulagements à leurs maux, en songeant aux justes arrêts du tribunal de Minos ou d'Osiris, aux peines du Tartare ou aux quiétudes des Champs-Elysées. N'est-ce point surtout à cause de cela que, malgré les austères séductions de sa doctrine et de sa morale, le Stoïcisme n'a pas eu prise sur les classes populaires qui ont donné, au Christianisme, ses premiers fidèles, et, au Paganisme, ses derniers croyants.

Lorsque saint Paul, devant l'Aréopage d'Athènes, où l'avaient amené des philosophes Épicuriens et Stoïciens, vint à parler de la résurrection du Christ, les magistrats, qui, jusqu'à ces mots, l'avaient écouté avec une bienveillante curiosité, ne voulurent pas continuer à entendre ce qu'ils considéraient comme la divagation d'un insensé ; mais, parmi les humbles auditeurs de l'ardent apôtre, plusieurs vinrent se ranger parmi les Fidèles, et même l'un des membres de l'Aréopage se joignit à eux (1). C'est ainsi

(1) Actes des Apôtres, Chap. 17, vers. 18 et suiv.

qu'en annonçant la résurrection de Jésus, gage et preuve de la résurrection des hommes, les Apôtres ont formé les premières églises chez les Grecs et chez les Romains (1).

D'ailleurs, en dénonçant comme chimérique l'existence de l'Elysée et du Tartare, les Stoïciens contribuaient à discréditer celles des croyances païennes auxquelles ils faisaient profession de s'associer. Si les traditions d'après lesquelles Hercule et Achille recevaient, dans le séjour d'outre-tombe, le prix immortel de leurs héroïques exploits, n'étaient que des fables puériles, en était-il autrement des traditions relatives à Jupiter et aux autres Dieux de l'Olympe, dont les interprétations subtiles du Stoïcisme et du Platonisme s'efforçaient de masquer la licence et le ridicule dévoilés par les raisonnements et les moqueries des disciples d'Epicure, par les voluptueux récits des poètes érotiques et les objurgations des Chrétiens.

(2) Actes des Apôtres, Chap. 2, vers. 31 et suiv.; Chap. 4, vers. 1 et suiv.; Chap. 10, vers. 39 et suiv.; — Ep. St Paul, passim.

CHAPITRE III.

*L'alliance du Stoïcisme avec
le Paganisme.*

Au fond, le Stoïcisme ne retenait même pas ce qu'il semblait conserver du Paganisme gréco-romain. Sa notion de l'Ame Universelle consciente et libre et monothéiste; sa notion des Dieux créés, des âmes raisonnables, sensitives ou végétatives, toutes émanées de l'Ame Universelle est panthéiste. Le Paganisme gréco-romain, au contraire, est puremement polythéiste. Les Dieux, qui personnifient les forces de la nature, sont essentiellement multiples; le pouvoir de chacun d'eux n'est limité que par le pouvoir contraire, comme l'influence desséchante du soleil n'est limitée que par l'influence humide des eaux. Ils forment, entre eux, comme une sorte de société de seigneurs féodaux, légalement hiérarchisés mais naturellement insoumis, souvent en désaccord et quelquefois en guerre ouverte. Jupiter ou Zeus, leur chef, ne rétablit la paix ou ne maintient sa prééminence que par les ménagements, la diplomatie, la ruse et les coups de violence. Au-dessus, il est vrai, domine le Destin; mais, ce n'est qu'une force inconsciente, sourde et aveugle.

S'il avait accusé ses divergences avec le Polythéisme gréco-romain, le Stoïcisme aurait été une religion nouvelle, à certains égards rapprochée du Boudhisme. Il les a voilées, au contraire, en conservant les noms des Divinités antiques, en recommandant la pratique des sacrifices traditionnels et, tout au moins dans les prières publiques, l'usage des rites et des formules consacrés. C'est pourquoi le Stoïcisme a été une philosophie religieuse associée au Paganisme, comme le Déisme Cartésien du xvii⁰ siècle a été une philosophie associée à la religion chrétienne.

Si cette situation a valu au Stoïcisme, pendant une notable partie de la durée de l'Empire romain, les avantages que donne la faveur du Pouvoir, elle n'en était pas moins, pour lui, une cause de faiblesse. Le discrédit croissant des traditions païennes l'atteignait. Ses dogmes le gênaient pour défendre le Paganisme, et son paganisme le gênait pour défendre ses propres dogmes. Aussi, a-t-il eu une tendance marquée à se confiner dans la morale; mais, si belle qu'elle fut en elle-même, cette morale trop séparée, à certains égards, de la métaphysique religieuse qui en formait la base, manquait de solidité, tandis que le Christianisme puisait une force supérieure dans l'étroite connexité de ses dogmes et de sa morale.

Par son alliance avec le Paganisme en décadence, le Stoïcisme perdait prise principalement sur l'esprit populaire. Les hommes, que l'étude, la politique ou la vie mondaine ont formés aux finesses du langage, excellent à entendre, sous des mots anciens, des idées nouvelles; pour eux, le demi-jour n'est pas l'obscurité; il plaît à leurs yeux exercés jusqu'à la fatigue. Lorsque, dans les cérémonies religieuses, Marc-Aurèle, à son titre de grand Pontife romain, invoquait Jupiter, il priait l'Ame Universelle, le Dieu unique, impassible, infiniment juste, infiniment bon, tout-puissant. Les philosophes, les magistrats, les courtisans ne s'y trompaient pas. Mais, pour le peuple qui assistait à la cérémonie, le Dieu qu'honorait l'Empereur, c'était le fils légendaire de Saturne; dans la foule, les Païens adoraient le Jupiter des vieilles traditions nationales; les sceptiques souriaient de la crédulité du prince; les Chrétiens s'indignaient, en songeant aux adultères, aux incestes, aux folies et aux crimes de la fausse Divinité à laquelle était offert un sacrifice sacrilège. Sous les noms et les rites du Polythéisme, aucun d'eux n'apercevait ou, du moins, ne voyait avec clarté la métaphysique stoïcienne. Alors qu'il semblait se dissimuler à lui-même, comment le Stoïcisme aurait-il pu entraîner leurs âmes ?

Pour peu qu'elles fussent disposées à abandonner le Polythéisme, les imaginations populaires étaient, au contraire, portées vers le Christianisme, où les fables païennes étaient attaquées en face, où, suivant l'ordre du Christ (1), la vérité dogmatique, loin d'être tenue dans la pénombre, était montrée à tous et proclamée avec une audace qui, parfois, semblait aller jusqu'à la provocation. Sans doute, la persécution sévissait ou était suspendue sur la tête des Fidèles ; mais les cœurs ardents, que leur ardeur même rendait aptes à entraîner les masses, n'en étaient que plus attirés vers la nouvelle religion ; et ainsi, suivant l'énergique expression de Tertullien, le sang des martyrs était une semence de Chrétiens.

(1) Ev. S. Mathieu, chap. 5, vers. 15.

CHAPITRE IV.

Attrait de la morale chrétienne pour les classes populaires.

Le caractère même des vertus stoïciennes faisait obstacle à la diffusion du Stoïcisme. Si, en effet, la tempérance, que Marc-Aurèle et les autres Stoïciens considéraient comme la perfection de la sagesse, était propre à toucher la société polie, elle affaiblissait l'action du Stoïcisme sur les âmes passionnées ; elle énervait sa propagande parmi le peuple plus sensible aux impressions fortes qu'aux pensées mesurées.

Quelles n'étaient pas, au contraire, les séductions du Christianisme des premiers siècles pour les humbles, les faibles, les illettrés ! Il les entourait de ses prédilections ; il les glorifiait.

« Heureux les affligés, — dit Jésus, — car
« ils seront consolés ; heureux ceux qui sont
« persécutés pour la justice, car le royaume
« de Dieu leur appartient ! Venez à moi,
« vous qui êtes fatigués et chargés, et je

« vous consolerai... Heureux aussi les ~~simples~~ pauvres d'esprit, car le royaume du ciel leur « appartient !... Je confesse à toi, Père, Sei- « gneur du ciel et de la terre, que tu as « caché ces choses aux sages et les a révélées « aux simples (1)... Laissez venir à moi ces « petits enfants et ne les empêchez pas, car « le royaume de Dieu est pour ceux qui leur « ressemblent (2). »

« Considérez, mes frères, — dit saint « Paul, — qui vous êtes, vous que Dieu a « appelés. Il n'y en a pas beaucoup, parmi « vous, qui soient sages selon la chair, ni « beaucoup de puissants, ni beaucoup de « nobles. Mais Dieu a choisi les choses folles « du monde, pour confondre les sages, et « Dieu a choisi les choses les plus viles du « monde et les plus méprisées, même celles « qui ne sont point, pour détruire celles qui « sont, afin que personne ne se glorifie « devant Dieu (3). »

Aux pauvres, le Christianisme montrait la pauvreté comme étant la condition de la perfection, la richesse comme un obstacle au

---

(1) Ev. S. Mathieu, chap. 5, vers. 4, 10; ch. 11, vers. 28.
(2) Ev. S. Marc, chap. 10, vers. 14.
(3) 1re Ep. S. Paul aux Corinthiens, chap. 1, vers. 26 à 92.

bonheur et à la gloire éternels. Il leur venait en aide, en exhortant, avec d'ardentes supplications et parfois avec menaces, les Fidèles riches ou aisés, à de larges aumônes ou même à l'abandon de toute leur fortune. Il désarmait leurs jalousies et comblait leurs désirs d'égalité, par la communauté des biens et par l'organisation des Eglises, où les distinctions étaient mesurées surtout d'après la piété et le dévouement.

« Donnez à celui qui vous demande, —
« dit Jésus-Christ, — et ne vous détournez
« pas de celui qui veut emprunter de vous.
« Si quelqu'un veut plaider contre vous,
« pour prendre votre robe, abandonnez-lui
« encore votre manteau. Ne vous amassez
« pas des trésors, sur la terre, que les vers
« ou la rouille consument et où les voleurs
« percent et dérobent... Si vous voulez être
« parfaits, allez vendre ce que vous possé-
« dez, donnez-le aux pauvres, et vous aurez
« un trésor dans le ciel. Je vous dis, en
« vérité, qu'un riche ne peut que difficilement
« entrer dans le royaume du ciel; je dis
« même qu'il est plus aisé qu'un câble passe
« par le trou d'une aiguille qu'il ne l'est
« qu'un homme riche entre dans le royaume

« de Dieu(1)... Malheur à vous, riches ;
« parce que vous avez reçu votre consola-
« tion ! Malheur à vous qui êtes rassasiés,
« parce que vous aurez faim ! (2) »

« C'est à vous, riches, que je parle mainte-
« nant, — s'écrie l'apôtre saint Jacques, —
« pleurez et vous lamentez, à cause des
« malheurs qui sont prêts à tomber sur
« vous. La pourriture a consumé vos ri-
« chesses ; les vers ont mangé vos habits ;
« votre or et votre argent se sont rouillés,
« et leur rouille s'élèvera en témoignage
« contre vous et dévorera votre chair, comme
« un feu ; c'est là le trésor que vous vous
« êtes amassé pour les derniers jours (3). »

Aux faibles, aux opprimés, était promise une assistance dévouée et infatigable. Au moment d'être trahi et livré au supplice, c'était le fraternel amour que, dans la solennité des adieux, Jésus, avec une touchante tendresse, avait recommandé à ses apôtres :
« Mes petits enfants, je ne suis plus avec
« vous que pour peu de temps... Je vous

---

(1) Ev. S. Mathieu, ch. 5, vers. 20, 40 et 42 ; ch. 6, vers. 19 ; chap. 19, vers. 20, 23, 24. — Adde : chap. 18, vers. 28 à 25 ; chap. 25, vers. 31 à 46 ; chap. 10, vers. 9 et passim. — 2e Ep. S. Paul aux Corinthiens, chap. 8, vers. 11.

(2) Ev. S. Luc.

(3) Ep. S. Jacques, chap. 5. vers. 1, 2, 3.

« donne un commandement nouveau qui est
« de vous aimer les uns les autres, comme
« je vous ai aimés (1). »

Avec quelle exactitude et quel zèle ces préceptes ont été suivis par les primitives églises, les documents chrétiens des premiers siècles l'attestent ; et le sceptique Lucien nous en a laissé le témoignage assurément peu suspect de bienveillance, en racontant l'emprisonnement subi par Pérégrinus, alors que ce fourbe et bizarre sophiste faisait profession de christianisme.

« Du moment qu'il fut dans les fers, —
« dit Lucien, — les Chrétiens, se regardant
« comme frappés avec lui, mirent tout en
« œuvre pour l'enlever ; mais, ne pouvant y
« parvenir, ils lui rendirent, au moins, toutes
« sortes d'offices, avec un empressement et
« un zèle infatigables. Dès le matin, on voyait
« rangés autour de la prison une foule de
« vieilles femmes et d'orphelins. Les princi-
« paux chefs de la secte passaient la nuit
« auprès de lui, après avoir corrompu les
« geôliers ; ils se faisaient apporter toutes
« sortes de mets, lisaient leurs livres saints,
« et le vertueux Pérégrinus, — il se nommait

---

(1) Ev. S. Jean, chap. 13, vers. 33.

« encore ainsi, — était appelé, par eux, le
« nouveau Socrate. Ce n'est pas tout ; plu-
« sieurs villes d'Asie lui envoyèrent des
« députés au nom des Chrétiens, pour lui
« servir d'appuis, d'avocats et de consola-
« teurs. On ne saurait croire leur empresse-
« ment en de pareilles occurrences : pour
« tout dire en un mot, rien ne leur coûte.
« Aussi, Pérégrinus, sous le prétexte de sa
« prison, vit-il arriver de bonnes sommes
« d'argent et se fit-il un gros revenu. Ces
« malheureux se figurent qu'ils sont immor-
« tels et qu'ils vivront éternellement. En
« conséquence, ils méprisent les supplices et
« se livrent volontairement à la mort. Leur
« premier législateur leur a encore persuadé
« qu'ils sont tous frères. Dès qu'ils ont une
« fois changé de culte, ils renoncent aux
« Dieux des Grecs et adorent le sophiste
« crucifié dont ils suivent les lois. Ils mé-
« prisent également tous les biens et les
« mettent en commun, sur la foi complète
« qu'ils ont en ses paroles (1). »

Aussi, de même que les premiers apôtres
avaient été de pauvres pêcheurs du lac de

---

(1) Lucien, vie de Pérégrinus. trad. de M. Talbot, t. I, p. 387.

Tibériade, c'est aux classes les plus humbles qu'appartenaient tous ou presque tous les premiers Chrétiens.

CHAPITRE V.

Résistance des classes élevées, à l'adoption du Christianisme. — Comment elle a pris fin.

Ce qui attirait les classes populaires vers le Christianisme froissait et inquiétait les classes élevées, riches, lettrées. Aussi, celles-ci ont-elles fait, au Christianisme, une longue résistance. C'est seulement après près de deux siècles d'indifférence dédaigneuse et de traitements ignominieux qu'elles ont commencé à venir à lui ; et c'est après un autre siècle, marqué par de sanglantes persécutions, que, pressées par la politique de l'Empereur Constantin, elles l'ont admis au rang de religion officielle de l'Empire. Encore, un demi-siècle s'est-il écoulé pendant lequel beaucoup de personnages éminents, dont l'Empereur Julien a été le plus illustre, ont témoigné de leur hostilité à l'Eglise du Christ.

L'évolution de la société supérieure, dont les premiers symptômes paraissent s'être manifestés vers l'époque de Marc-Aurèle, avait été, depuis longtemps, préparée par les écoles philosophiques de l'Antiquité. En ébranlant le Paganisme traditionnel et en répandant le goût des spéculations métaphysiques et morales, ces écoles avaient abaissé, devant le Christianisme, l'obstacle d'une foi profonde en une religion établie et l'obstacle, peut-être encore plus difficilement franchissable, de l'indifférence en matière religieuse. Celles même, dont les principes étaient le plus opposés à ceux du Christianisme, ont été, à cet égard, ses auxiliaires inconscients. Par les affinités de leurs doctrines avec les enseignements chrétiens, les écoles spiritualistes avaient, en outre, disposé les esprits. Le Stoïcisme était, dans la société romaine, le précurseur de la morale du Christianisme, comme le Platonisme était le précurseur de ses dogmes.

Dès le milieu du second siècle, les Apologistes chrétiens avaient vu le point d'appui que les affinités de la philosophie et du Christianisme donnaient à la propagation de la foi, dans la société polie. « Nous avons appris
« et nous avons déjà déclaré, — écrivait
« Saint Justin, — que Jésus-Christ, fils ainé
« de Dieu, était cette raison qui se commu-

« nique à tout le genre humain, et que ceux
« qui ont vécu avec la raison sont Chrétiens,
« comme l'ont été, parmi les Grecs, Socrate,
« Héraclite et leurs semblables (1). »

Au commencement du troisième siècle, saint Clément d'Alexandrie disait : « Dieu a
« fait, avec les hommes, en quelque sorte,
« trois alliances : l'une avec les Gentils,
« l'autre avec les Juifs et la troisième avec
« les Chrétiens. Il a été servi et honoré par
« les uns et par les autres, chacun en sa ma-
« nière. Il a donné aux Gentils la philoso-
« phie, et la Loi aux Juifs ; et, de ces deux
« peuples, il a composé son Eglise, réu-
« nissant, pour ainsi dire, en une, les trois
« alliances, qui sont toutes fondées sur la
« parole même de Dieu. Car, de même qu'il
« a donné les prophètes aux Juifs, de même
« il a accordé, aux Gentils, les philosophes
« qui sont comme leurs prophètes (2-3). »

---

(1) St Justin. Apologie n° 46, passage cité par M. de Joly, note, page 341.

(2) St Clément d'Alexandrie, passage cité par M. de Joly, note, page 341.

(3) Bossuet. — hist. univ. 2e partie, n° 11, — et, avec lui, plusieurs historiens chrétiens me paraissent avoir méconnu l'influence de la philosophie antique sur la propagation du Christianisme, pour avoir exclusivement attribué la conversion des Gentils à la prédication de saint Paul ou des Chrétiens qui, à son exemple, attaquaient toutes les écoles

Sourde à la voix des premiers Chrétiens qui avaient annoncé l'Evangile, en livrant un fougueux assaut à la sagesse philosophique, la société lettrée écoutait les apologistes qui lui représentaient le Christianisme, non plus comme la ruine, mais comme la perfection de cette même sagesse. Rapproché de l'idéal platonicien du Juste bafoué, flagellé et supplicié pour la vérité et la justice (4), le Christ crucifié ne devait plus être longtemps

philosophiques, comme auteurs ou complices de l'idolâtrie et des pires immoralités. — Ier Ep. Rom., chap. 1, vers. 17 et suiv.

Mais, il me semble aussi qu'au XVIIIe siècle et de nos jours, on a souvent exagéré l'influence du Platonisme, en lui attribuant une part dans la constitution des dogmes du Christianisme primitif. Le Christianisme est le développement de la religion juive, dans une direction nouvelle, comme l'expliquent très bien les Evangiles, les Epîtres et les Actes des Apôtres.

L'Evangile de saint Jean ne porte guère la trace de l'influence platonicienne que dans le commencement de son premier chapitre; et cette trace consiste bien plus dans l'expression de la pensée que dans la pensée même qui se trouve également exprimée, quoique sous une forme différente, dans les trois autres évangiles.

Les analogies entre le Christianisme et le Platonisme signalées par les Apologistes du second et du troisième siècle, pour convertir les païens, et relevées depuis un siècle, avec une tendance différente, ne résultent pas de ce que le Christianisme a procédé, même dans une mesure restreinte, des doctrines platoniciennes; elles proviennent de directions intellectuelles et morales convergentes quoique indépendantes.

(4) Platon, République, Dial. 2.

« folie aux Grecs » (1) ; rapproché de l'admirable portrait du sage cynique, volontairement pauvre et sans asile, pur, saint, n'ayant souci que de son âme, livrant son corps aux souffrances, à l'ignominie et à la mort, selon la volonté des Dieux, messager de Jupiter parmi les hommes, renonçant aux douceurs de la famille pour les aider à supporter le malheur et pour les conduire à la vertu (2), l'apostolat chrétien n'apparaissait plus comme « la balayure du monde et le rebut de toute la terre (3). »

L'hostilité des classes aristocratiques, riches, participant à la puissance publique, tendait à s'atténuer d'autant plus qu'en recherchant leur conversion, l'Eglise commençait à adoucir les aspérités du Christianisme primitif. Sans doute, la flamme du prosélytisme et de l'amour divin était, à la fin du second siècle et pendant le troisième, aussi ardente qu'elle l'avait été au temps des apôtres ; sans doute, le renoncement absolu aux biens et aux vanités du monde était alors, comme il l'avait été et l'est encore aujour-

---

(1) 1re Ep. S. Paul, Cor., chap. 1, vers. 23.
(2) Entretiens d'Epictète, chap. 19, trad. de M. Courdaveaux, page 179.
(3) 1re Ep. S. Paul, Cor., chap. 4, vers. 13.

d'hui, la perfection de la vie chrétienne. Mais, tout en exhortant les Fidèles à pratiquer les plus austères maximes de l'Evangile et en s'y conformant eux-mêmes, les Docteurs, qui travaillaient à la conversion de la société élevée, n'omettaient pas d'enseigner qu'il peut suffire d'être détaché, en esprit, des richesses et des dignités, en s'en servant pour la gloire de Dieu et en étant prêt à les abandonner suivant sa volonté; qu'il n'est point nécessaire que l'aumône fraternelle soit poussée jusqu'au dépouillement; et que le soin du salut n'est pas incompatible avec les soucis du gouvernement et des charges publiques. Le royaume du Ciel s'ouvrait aux puissants ou aux riches, comme il s'était ouvert aux faibles et aux pauvres.

Aussi, sous le règne du déplorable successeur de Marc-Aurèle, quelques sénateurs romains étaient convertis au Christianisme, et même l'un d'eux, éminent par ses connaissances littéraires et philosophiques, Apollonius, périssait martyr, après avoir prononcé, dans l'Assemblée du Sénat, une apologie de la religion chrétienne qu'il venait d'embrasser (1). Dès lors, toutes les classes de la

(1) Eusèbe. Chroniques, cité par Châteaubriand, Etudes historiques, éd. 1831, Tome 1, page 104.

société ont marché au même pas, et bientôt, unies dans un même enthousiasme, elles se sont précipitées vers l'Eglise du Christ. Trente ans après la mort de Marc-Aurèle, les Chrétiens se vantaient de remplir les cités, les colonies, le Sénat et le Forum (1).

Le Paganisme était frappé à mort. Les persécutions intermittentes et furieuses, qu'il a encore eu la force de faire subir au Christianisme, jusqu'à l'avènement de Constantin, étaient comme les convulsions du mourant qui se débat contre les étreintes de l'agonie.

Avec lui, périssait le Stoïcisme. Philosophie religieuse, il ne pouvait vivre sans religion ; philosophie panthéiste autant que monothéiste, entée sur le Polythéisme, il ne pouvait s'accommoder aux dogmes chrétiens. Entraîné par la chute de la métaphysique qui formait sa base, l'idéal moral de Zénon, d'Epictète et de Marc-Aurèle, remplacé et dépassé par celui de l'Evangile, n'était plus, bientôt après l'établissement du Christianisme, qu'un austère et majestueux souvenir.

(1) Tertullien, Apologie.

CHAPITRE VI.

De l'influence du Stoïcisme sur la morale chrétienne, depuis l'établissement du Christianisme.

Les grands exemples et les maximes morales, laissées par les Stoïciens, ont continué, depuis la chute de leur philosophie, à exercer une action bienfaisante.

Trouvant, dans les préceptes de l'Ancienne Loi, dans les exhortations des Prophètes et dans son propre fonds, d'inépuisables trésors d'amour pour Dieu et les hommes, de pureté et de renoncement, le Christianisme, il est vrai, n'a eu ni le besoin, ni le goût de rien emprunter aux maximes stoïciennes, que leur caractère panthéiste et leur forme païenne lui rendaient tout au moins suspectes. Mais le souvenir des vertus enseignées et pratiquées par Epictète et Marc-Aurèle a été plus d'une fois invoqué pour faire honte aux faiblesses ou aux vices des Chrétiens infidèles aux commandements de l'Evangile; il secouait leur mollesse, réchauffait leur tiédeur et servait à porter plus haut les vertus chrétiennes.

Au dix-septième siècle, le cardinal Julien Barbérini, publiant sa traduction de Marc-Aurèle, la dédiait à son âme, « pour la « rendre plus rouge que sa pourpre, en lui présentant les vertus de ce gentil (1) ». N'est-ce pas un semblable sentiment que doit inspirer aux Chrétiens de nos jours l'étude du Stoïcisme?

(1) Abrégé de la vie de Marc-Aurèle, en tête de la traduction de M. de Joly, page 19.

CHAPITRE VII.

De l'influence du Stoïcisme sur la morale des philosophies détachées du Christianisme. — Criticisme ; Déisme ; Epicurisme ou Positivisme.

Pour les esprits que le mouvement des idées philosophiques a, depuis le seizième siècle, plus ou moins détachés du Christianisme, la morale stoïcienne est demeurée l'un des plus grands monuments de la sagesse, sinon le plus grand de tous ; pour beaucoup d'entre eux, elle a été ou est un sujet d'enseignement ; pour plusieurs, une règle personnelle de conduite.

Toutefois, elle a été et elle est moins enseignée et surtout moins pratiquée qu'on ne serait peut-être porté à le penser, en comptant les éloges qui lui ont été prodigués. Ces témoignages d'admiration, si sincères qu'ils soient, n'impliquent pas toujours l'adoption même partielle des préceptes moraux du Stoïcisme. De la part des polémistes hostiles à la religion chrétienne, n'ont-ils pas été souvent exprimés, pour rejaillir en épigrammes contre le Christianisme ? C'est ainsi que Voltaire, dont le tempérament et les idées étaient rien moins que stoïciens, célèbre Epictète et appelle Marc-Aurèle le premier des hommes (1).

Les morales même des écoles philosophiques modernes, qui se rapprochent le plus, à certains égards, de celle du Stoïcisme, s'en séparent par bien des côtés, parce qu'aucune de ces écoles n'a repris la métaphysique stoïcienne.

Dans la haute morale de Kant et du Criticisme, la piété envers Dieu est tarie dans sa source, par l'incertitude sur la réalité objective de la Divinité ; le devoir présenté comme un commandement de la raison humaine isolée en elle-même, n'a pas le caractère mystique que, dans la philosophie stoïcienne, il tire de la nature divine de la raison humaine, manifestation localisée de l'Ame Universelle.

Dans la morale de l'école spiritualiste issue de la philosophie cartésienne, la piété

---

(1) Voltaire, le philosophe, n° 45, et Dictionnaire philosophique, verbo Julien.

est attiédie par la distance sans intermédiaire, qui sépare l'infini de Dieu du fini et de l'infirmité de l'homme. Etant trop abstraite pour prendre, en jalouse maîtresse, l'imagination et le cœur, et se trouvant, en quelque sorte, confinée dans l'entendement, la notion de la Divinité a peine à aller jusqu'au culte et surtout à s'élancer jusqu'à l'amour divin. Aussi, tout en se rattachant logiquement aux devoirs de l'homme envers lui-même et envers ses semblables, l'idée de Dieu n'est pas, dans le spiritualisme moderne, l'active inspiratrice de ces devoirs ; elle ne leur imprime pas, dès lors, une marque profondément religieuse. Combien la morale spiritualiste, si pure qu'elle soit, diffère de celle du Stoïcisme, où le sage voit la Divinité présente, autour de lui, dans les forces de la Nature et vivante en lui-même, où, par les prières, les pieuses pensées et les bonnes actions, il est en commerce avec les Dieux qui lui accordent leurs grâces et leurs révélations, où l'accomplissement des devoirs de l'homme envers lui-même est un acte d'honneur à la Divinité !

Si marquées que soient ces différences, le Stoïcisme n'en a pas moins, sur la direction des esprits imbus du Criticisme ou du Spiritualisme cartésien, une influence considérable, soit par l'expression supérieure qu'il a donnée aux préceptes qui découlent également de sa métaphysique et de celles de ces deux philosophies, soit par l'attrait qu'exerce, sur les âmes élevées, la sévère beauté de ses maximes. Il agit même, de cette sorte, sur les doctrines morales des philosophies qui reproduisent, en les accomodant aux progrès des sciences naturelles, l'athéisme ou le déisme inerte de l'Epicurisme antique. Plus d'un Positiviste, entre les meilleurs, n'a-t-il pas pris, dans le Stoïcisme, l'idéal du sage qui trouve le bonheur dans l'accomplissement des devoirs de sincérité, de justice et d'amour de l'humanité, en substituant, à la notion stoïcienne du bonheur résultant de la coopération aux desseins de la Providence et de l'honneur rendu à la nature divine de l'humaine raison, celle des instincts d'amélioration personnelle, de conservation ou de progrès de la race, et de sociabilité ?

CHAPITRE VIII.

Le Panthéisme moderne. — Eventualité de la renaissance du Stoïcisme.

L'influence du Stoïcisme n'est-elle pas destinée à s'étendre? On peut être porté à le penser, en considérant l'importance que, depuis quatre-vingts ans, les doctrines panthéistes ont prise dans la philosophie européenne, et la force d'expansion qu'elles sont susceptibles d'acquérir.

Au dix-septième siècle, le Panthéisme paraissait n'être qu'une imagination bizarre et impie de Spinoza. Au dix-huitième siècle, il était répudié même par les écrivains les plus hostiles à la religion chrétienne. Bayle réfutait Spinoza (1); Voltaire prétendait achever la réfutation et traitait assez dédaigneusement le « pauvre Juif déjudaïsé », tout en lui empruntant peut-être le fond de plus

---

(1) Dictionnaire de Bayle, verbo Spinoza.

d'un de ses sarcasmes sur la Bible et le Christianisme (1).

Mais, depuis le commencement du dix-neuvième siècle, le Panthéisme occupe les écoles philosophiques de l'Allemagne (2) ; et l'on sait que, sous des formes plus ou moins précises, Schelling et Hégel l'ont enseigné. En France, les tendances panthéistes, qui s'étaient manifestées dans les premiers ouvrages de M. Cousin, paraissaient, il y a quelques années, avoir été arrêtées par le mouvement convergent des défenseurs libéraux du Christianisme et des philosophes spiritualistes. Ne peuvent-elles pas renaître aujourd'hui, au milieu du conflit philosophique dans lequel s'entremêlent les doctrines les plus diverses ?

Jusqu'à présent, le Panthéisme n'a pas eu prise sur l'opinion commune ; et, même dans le monde philosophique, il est encore enveloppé de nuages. Mais, s'il se rencontre un philosophe qui le dégage et le formule d'une façon appropriée aux tendances actuelles des esprits, ne peut-il pas rapidement

---

(1) Voltaire. — Dictionnaire philosophique, v° Dieu. Du fondement de la philosophie de Spinoza.
(2) Goëthe. — Mémoires, livre 16, passage cité par M. Prat, œuvres complètes de Spinoza, Introduction.

tenir le premier rang parmi les doctrines opposées au Déisme et au Christianisme ?

Le Criticisme ou l'Idéalisme, aussi bien que les autres variétés du scepticisme philosophique, sont trop subtiles et, à vrai dire, trop alambiquées pour n'être pas confinés dans les spéculations d'un très petit nombre d'esprits éminents exercés par des études spéciales. A cause de la simplicité de leurs principes et de la clarté de leurs déductions, le Matérialisme ou le Positivisme ont assurément bien plus d'aptitude à l'expansion ; mais, ils se heurtent au sentiment du divin qui, en dépit de leurs dénégations, est profondément gravé dans le cœur humain. Leur morale, quels que soient les ornements dont on peut la parer, répugne aux esprits élevés et aux âmes délicates, parce que, ne procédant que de l'observation de la matière et de ses lois, elle n'a ni la grandeur, ni le charme des morales dérivant de la contemplation de l'idéal. Aboutissant logiquement à la prédominance de la lutte pour l'existence et du plaisir individuel, c'est-à-dire de la force et de l'égoïsme, elle blesse, tout à la fois, les faibles, qu'elle menace des excès de la puissance, et les puissants, qu'elle menace des excès de la faiblesse. Au fond, le Matérialisme n'est qu'un dissolvant; son crédit actuel tient surtout à ce qu'il sert à battre en brèche le Christianisme. Il me paraît destiné à dépérir par l'effet des causes intellectuelles et morales qui, depuis le temps de Jules César jusqu'à celui de Marc-Aurèle, ont fait décliner l'Epicurisme antique et qui, peu après, l'ont anéanti.

Le Panthéisme, au contraire, est propre à captiver le cœur, comme à séduire la raison ; il peut être une religion aussi bien qu'une philosophie. Dès son apparition en Europe, au dix-septième siècle, son caractère religieux se manifestait au milieu des raisonnements didactiques :

« Si je concluais aussi, écrivait Spinoza,
« — que l'idée de Dieu, comprise sous celle
« de l'infinité de l'Univers, me dispense de
« l'obéissance, de l'amour et du culte, je
« ferais encore un plus pernicieux usage de
« ma raison ; car il m'est évident que les
« lois, que j'ai reçues, non par le rapport
« ou l'entremise des autres hommes, mais
« immédiatement de lui, sont celles que la
« lumière naturelle me fait connaître pour
« véritables guides d'une conduite raison-
« nable. Si je manquais d'obéissance à cet
« égard, je pécherais non seulement contre

« le principe de mon être et contre la société
« de mes pareils, mais contre moi-même,
« en me privant du plus solide avantage de
« mon existence. Il est vrai que cette obéis-
« sance ne m'engage qu'aux devoirs de mon
« état, et qu'elle me fait envisager tout le
« reste comme des pratiques frivoles inven-
« tées superstitieusement ou pour l'utilité
« de ceux qui les ont instituées.

« A l'égard de l'amour de Dieu, loin que
« cette idée le puisse affaiblir, j'estime qu'au-
« cune autre n'est plus propre à l'augmenter,
« puisqu'elle me fait connaître que Dieu est
« intime à mon être ; qu'il me donne l'exis-
« tence et toutes mes propriétés, mais qu'il
« me les donne libéralement, sans reproche,
« sans intérêt, sans m'assujettir à autre chose
« qu'à ma propre nature. Elle bannit la
« crainte, l'inquiétude, la défiance et tous
« les défauts d'un amour vulgaire et inté-
« ressé. Elle me fait sentir que c'est un
« bien que je puis perdre et que je possède
« d'autant mieux que je le connais et que
« je l'aime (1) ».

Quelle que soit la force des objections que
suscite la conception de cet amour dont

(1) Voltaire. — Dictionnaire philosophique, verbo Dieu.

l'objet est dénué de personnalité et de conscience, de pensées et d'affections individuelles, il paraît difficile de méconnaître que le sentiment religieux trouve un inépuisable aliment dans la contemplation de l'infinité. Comme, de la croyance à la communauté de substance, dérive le sentiment mystique d'une fraternité universelle, le cœur trouve partout où se prendre, pendant que la raison s'abîme dans l'adoration de la puissance sans limite, qui se manifeste par le fourmillement des êtres sans cesse renaissant ou plutôt se combinant indéfiniment entre eux pour continuer à exister ou à vivre sous des formes indéfiniment variées et mobiles.

On comprend quel crédit donnerait, au Stoïcisme, la diffusion des doctrines panthéistes et des sentiments religieux qui en dérivent. Unissant, à ces doctrines, celle de la conscience divine et, à ces sentiments, celui qu'inspire la Providence de l'Être suprême, le Stoïcisme se présenterait avec le caractère, qui est véritablement le sien, d'une transaction entre le pur Panthéisme et le Déisme. Dans le conflit de ces deux philosophies ou de ces deux religions, il tiendrait, en quelque sorte, la position centrale, offrant : aux Déistes, la conservation de la foi au Dieu conscient et agissant, étendant ses bienfaits sur les êtres formés par sa bonté ; aux Panthéistes, la foi nouvelle ou renouvelée à l'existence éternelle des forces de la nature et à leurs modalités indéfiniment variables ; aux uns et aux autres, la réunion, en un seul faisceau, de leurs aspirations morales et de leurs sentiments particuliers d'adoration et de piété.

Quel serait le résultat de cette triple compétition à la direction du mouvement philosophique et religieux en Europe et parmi les nations des autres contrées qui sont ouvertes ou semblent devoir s'ouvrir à l'influence européenne ? C'est le secret de l'avenir. Mais, peut-être n'est-il pas téméraire de prévoir que le Stoïcisme viendrait, de nouveau, se briser contre des écueils semblables à ceux qui déjà lui ont été funestes, notamment contre la croyance à la vie future, personnelle, consciente et rémunératrice qui est la conséquence logique de la justice de Dieu.

Imprimerie et Lithographie L. DECLUME, Lons-le-Saunier.

www.ingramcontent.com/pod-product-compliance
Lightning Source LLC
Chambersburg PA
CBHW052050090426
42739CB00010B/2112